DU RÉTABLISSEMENT

DES

RENTES FONCIÈRES.

DU RÉTABLISSEMENT

DES

RENTES FONCIÈRES,

MÉLANGÉES DE FÉODALITÉ,

Abolies sans indemnité par les Lois des 6 Juillet et 25 Août 1792, et 17 Juillet 1793, et de la Jurisprudence de la Cour de Cassation et du Conseil d'Etat sur ces Lois.

PAR H. DARD,

AVOCAT A LA COUR DE CASSATION, EX-PROFESSEUR DE DROIT ROMAIN A L'ACADÉMIE DE LÉGISLATION.

L'Assemblée Nationale a rempli, par l'abolition du régime féodal, prononcée dans sa séance du 4 août 1789, une des plus importantes missions dont l'avoit chargée la volonté souveraine de la nation française : mais ni la nation française, ni ses représentans n'ont eu la pensée d'enfreindre par là les droits sacrés et inviolables de la propriété.

Instruction de l'Assemblée Nationale sur les ci-devant Droits seigneuriaux, du 19 juin 1791.

PARIS,

LE NORMANT, IMPRIMEUR-LIBRAIRE.

1814.

DU RÉTABLISSEMENT

DES

RENTES FONCIÈRES,

MÉLANGÉES DE FÉODALITÉ.

LE mot *fief*, d'où est dérivée la *féodalité*, avoit plusieurs significations, mais il désignoit le plus communément, les biens ou les choses immobiliaires, qui relevoient de quelque seigneur, aux charges et conditions portées, soit par les investitures primordiales, soit par les statuts des lieux où ils étoient situés. C'est en ce sens que le mot *fief* étoit employé dans les coutumes de France, et la signification que les jurisconsultes lui donnoient dans la jurisprudence féodale (1).

A l'égard de l'origine des fiefs, il n'y avoit guère de points historiques dans la jurisprudence française, sur quoi les savans se fussent si fort partagés. Les uns la tiroient du droit romain;

---

(1) *Feudum est benevola concessio, libera et perpetua rei immobilis, vel æquipolentis cum translatione utilis dominii proprietate retenta, sub fidelitate et exhibitione servitiorum. Vid.* Chassanée, *sur la Coutume de Bourgogne*, tit. *des Fiefs*, n°. 2, et Dumoulin, dans sa préface sur le *Titre des Fiefs*, n°. 114.

d'autres l'attribuoient aux anciens Gaulois ; et une troisième opinion, qui paroissoit être la plus commune, c'étoit que l'introduction en étoit due aux anciens conquérans du Nord, qui, dans la décadence de l'empire romain, s'emparèrent des Gaules et de quelques Etats voisins.

Le savant Loyseau est, de tous les jurisconsultes, celui dont l'opinion sur l'origine des fiefs nous semble la plus probable ; nous le laisserons parler : « Quant aux terres de la Gaule, les Fran-
» çais victorieux les confisquèrent toutes, c'est-
» à-dire, attribuèrent à leur Etat l'un et l'autre
» seigneurie d'icelles ; et hors celles qu'ils retin-
» rent au domaine du prince, ils distribuèrent
» toutes les autres, par climats et territoires, aux
» principaux chefs et capitaines de leurs nations,
» donnant à tel tout une province à titre de du-
» ché ; à tel autre, un pays de frontière à titre
» de marquisat ; à un autre, une ville, avec son
» territoire adjacent, à titre de comté ; bref, à
» d'autres, des chasteaux ou villages, avec quel-
» ques terres d'alentour, à titre de baronnie,
» chastellenie, ou simple seigneurie, selon les
» mérites particuliers de chacun, et selon le
» nombre de soldats qu'il avoit sous luy ; car
» c'étoit tant pour eux que pour leurs soldats.

» Mais ces terres ne leur estoient pas baillées
» *optimo jure*, pour en jouir en parfaite sei-
» gneurie : mais voulant establir une monarchie
» assurée, ils en retinrent par devers l'Estat, non-
» seulement la seigneurie publique, mais aussi

» se réservèrent un droict sur la seigneurie privée,
» qui n'avoit point esté connu par les Romains,
» droict, que nous avons appellé *seigneurie*
» *directe*, qui est une espèce ou degré de sei-
» gneurie privée.

» Car, ils ne donnèrent pas ces terres à leurs
» capitaines, pour en jouir en toute franchise et
» sans prestation ou redevance aucune ; mais les
» baillèrent à titre de fief, c'est-à-dire, à la charge
» d'assister toujours le prince souverain en guerre.
» Invention qui avoit esté commencée par les
» empereurs romains, lesquels pour assurer leurs
» frontières, s'advisèrent de donner les terres
» d'icelles à leurs capitaines et soldats plus signa-
» lés, par forme de récompense ou bienfait,
» qu'aussi ils appellèrent *bénéfice*, et à la charge
» de les tenir seulement pendant qu'ils seroient
» soldats. Ce qui servoit tant à les obliger, à con-
» tinuer la milice, qu'à les rendre plus coura-
» geux lorsqu'ils défendoient leur propre terre :
» *ut attentiùs militarent propria rura defen-*
» *dentes*, dit Lampride.

» Ce que nos anciens Français ayant appris
» lorsqu'ils envahirent, sur les Romains, les
» frontières dé Gaule, le pratiquèrent depuis,
» non-seulement en la frontière de leur Estat,
» mais partout iceluy, appellant fiefs les terres
» accordées à ce titre, à cause de cette confiance
» ou foy promise par le preneur d'icelles, d'as-
» sister son seigneur en guerre : ce qui a fait
» croire à plusieurs qu'ils ont esté les premiers

» inventeurs de fiefs, estant eux à la vérité qui
» en ont appris l'usage aux Lombards.

» Et non-seulement le prince souverain des
» Français donna à ses capitaines, tant pour eux
» que pour leurs soldats, la part qu'ils leur en
» voulurent bailler à mesme titre de fief vers eux,
» c'est-à-dire, à la charge qu'ils seroient tenus
» les assister en guerre, toutefois et quantes qu'il
» en seroit besoin, et par ce moyen leurs com-
» pagnies demeurèrent entières pour jamais. »
(*Voyez* Loyseau, *Des seigneuries en général*,
ch. I, nomb. 6o et suiv.)

Les fiefs avoient les plus grands rapports, la
plus parfaite ressemblance avec les emphytéoses,
dont l'origine vient des Romains. Une seule chose
cependant distinguoit les fiefs des emphytéoses;
c'étoit la fidélité du vassal envers le seigneur,
cette fidélité étoit de l'essence du fief. Le preneur
du bail emphytéotique devoit reconnoître le seigneur ou propriétaire direct par une prestation
en argent, ou en quelque chose équivalent; au
lieu que le vassal devoit reconnoître le seigneur
dominant par une fidélité qui avoit ses devoirs
marqués par la convention ou par les coutumes.
C'étoient ces devoirs personnels dûs au seigneur
par le vassal, qui constituoient, à proprement
parler, le régime féodal ou la féodalité.

Les motifs qui ont déterminé la première assemblée nationale, appelée *constituante*, à abolir
le régime féodal dans toute l'étendue du royaume,
par le décret rendu dans la fameuse séance du

4 août 1789 ; sont dignes des plus grands éloges.

En détruisant la féodalité et toutes les servitudes personnelles odieuses qui en étoient la suite , cette assemblée à jamais recommandable par les lumières de ses membres et par leur noble dévouement au bien de l'État , ne fit que céder au vœu de son siècle. Les progrès de la civilisation , la dignité de l'homme , la prospérité du commerce , les besoins même du gouvernement appeloient depuis long-temps la suppression du régime féodal , dont les plus grands abus , nés du caprice et de la force , avoient cependant déjà été réformés par le temps et par les arrêts.

Envisagée sous le rapport de la philosophie et de l'économie politique , l'abolition du régime féodal formera une époque remarquable dans notre histoire , et elle aura sur le développement de l'industrie et l'accroissement de l'agriculture, encore de plus grands et de plus heureux effets que ceux qui résultèrent de l'établissement des communes sous Louis-le-Gros, dans le douzième siècle , et de l'affranchissement des serfs dans ses domaines , et dans ceux des seigneurs.

Mais cet affranchissement accordé par les seigneurs à leurs vassaux , auquel on peut, quant aux effets, comparer la suppression du régime féodal prononcée par l'assemblée nationale, fut le résultat d'une convention entre les seigneurs et leurs vassaux. Cet affranchissement eut un prix qui fut stipulé en faveur des seigneurs, et ce prix étoit juste , puisque les seigneurs renonçoient à des droits qu'une ancienne possession avoit en quelque sorte rendu légitimes, et dont ils ne pouvoient être dépouillés sans en recevoir le prix.

L'assemblée nationale, au contraire, crut pouvoir supprimer sans aucune indemnité les droits féodaux qui tenoient à la servitude personnelle, ou qui étoient purement honorifiques, tous les autres furent déclarés rachetables. Cette suppression pure et simple des droits féodaux simplement honorifiques, étoit une violation manifeste du droit de propriété ; elle étoit contraire aux principes de la justice distributive qui, même pour cause d'utilité publique, n'autorisent la cession ou l'abolition d'un droit légitimement acquis à un particulier, qu'à la charge d'une indemnité envers celui dont on détruit le droit.

Cette atteinte portée au droit de propriété, par une assemblée dont le pouvoir ne reconnoissoit d'autres limites que celle de sa volonté, qu'elle supposoit être celle de la nation ; cet exemple donné de la violation de la justice envers la classe des privilégiés, dont les honneurs et les biens excitoient l'envie de la partie la plus nombreuse de la nation, eurent les conséquences les plus funestes, et furent le premier pas fait vers la spoliation du clergé et de la noblesse.

Le décret du 4 août 1789, qui abolissoit la féodalité, ne fut pas plutôt publié, que les fausses interprétations que les habitans des campagnes lui donnèrent, troublèrent de tout côté la tranquillité publique. Vainement ce décret même avoit formellement proclamé que les droits seigneuriaux utiles étoient maintenus jusqu'au rachat ; vainement un second décret, du 15 mars 1790, avoit expressément distingué les droits seigneuriaux qui étoient supprimés sans indemnité, et ceux qui étoient simplement déclarés rachetables ; ces explications, qui paroissoient devoir rétablir à jamais dans les campagnes la tranquillité qu'avoient troublée de fausses interprétations de celui du 4 août 1789 , furent méconnues et altérées par l'intérêt personnel des débiteurs des droits seigneuriaux excité par l'esprit révolutionnaire. Les habitans des campagnes surtout se laissèrent facilement entraîner dans les écarts auxquels on les excitoit contre leurs seigneurs, et dont leur intérêt personnel profitoit.

L'assemblée nationale fut alors effrayée des troubles que son décret du 4 août 1789 , avoit occasionnés ; elle chercha à les arrêter par l'instruction sur les droits seigneuriaux déclarés rachetables, donnée le 19 juin 1792 : elle y reproche à certains corps administratifs « chargés, par la
» constitution, d'assurer le recouvrement des
» droits de terrage, de champart, de cens ou
» autres dûs à la nation, d'avoir apporté dans
» cette partie de leurs fonctions, une insouciance
» et une foiblesse qui ont amené et multiplié les
» refus de paiement de la part des redevables de
» l'Etat, et ont, par l'influence d'un aussi funeste
» exemple, propagé chez les redevables des

» particuliers , l'esprit d'insubordination ; de
» cupidité , d'injustice.

» Il est temps enfin, ajoutoit l'assemblée na-
» tionale, que ces désordres cessent ; et, si l'on
» ne veut pas voir périr dans son berceau une
» constitution dont ils troublent et arrêtent la
» marche , il est temps que les citoyens, dont
» l'industrie féconde les champs et nourrit l'em-
» pire , rentrent dans le devoir, et *rendent à la
» propriété l'hommage qu'ils lui doivent.*

» L'assemblée aime à croire qu'ils n'ont besoin
» pour cela , que d'être éclairés sur le véritable
» sens des lois, *dont ils ont jusqu'à présent abu-
» sé* , et c'est ce qui la détermine à le leur expli-
» quer par cette instruction. »

Cette instruction , quoique sage et ferme , et
revêtue de la sanction du Roi, fut impuissante
pour ramener les habitans des campagnes au
respect de la propriété , que l'assemblée nationale
elle-même avoit méconnu, et pour leur faire
renoncer aux espérances dont les agens de la
révolution les avoient flattés. Ces espérances
allèrent toujours croissant , à mesure qu'on excitoit la haine publique contre les deux premiers
ordres de l'Etat , afin de pouvoir s'emparer de
leurs dépouilles.

La seconde assemblée nationale , appelée
législative , après avoir usurpé l'autorité du Roi,
qu'elle avoit suspendu de ses fonctions, et au
moment de céder sa place à la fameuse couven-
tion nationale , qui devoit régénérer la nation ,

supprima sans indemnité tous les droits féodaux utiles, maintenus jusqu'au rachat par la première assemblée nationale ; elle n'excepta de cette suppression que ceux qui seroient justifiés avoir pour cause une concession primitive de fonds, dont l'acte primordial devroit être rapporté.

La convention nationale détruisit cette foible barrière que le droit de propriété opposoit encore au torrent révolutionnaire, elle abolit sans indemnité, non-seulement les droits féodaux, mais encore les rentes ou redevances foncières créées avec mélange de quelques signes de féodalité ; elle n'excepta de cette odieuse suppression que les rentes ou prestations purement foncières et non féodales.

Enfin, sous le gouvernement de Buonaparte, des avis du conseil d'Etat et des décrets impériaux, sous le prétexte d'interpréter les lois suppressives de la féodalité, ont, par une extension arbitraire donnée à ces lois spoliatrices, prononcé l'abolition sans indemnité, des rentes purement foncières créées non pas avec mélange de signes de féodalité, mais, ce qui est vraiment inconcevable, avec des prestations ou redevances simplement foncières, et qui n'avoient de commun avec les signes de la féodalité que le nom universellement adopté par l'usage constant de la jurisprudence.

Ces actes arbitraires et révoltans, émanés de l'assemblée législative, de la convention nationale, et du gouvernement de Buonaparte, auxquels

leurs auteurs ont donné le nom de lois et de décrets impériaux, ont dépouillé plus d'un million
de familles, de légitimes propriétaires, pour
enrichir les habitans des campagnes et la classe
du peuple que les factions vouloient opposer à la
noblesse, au clergé, et à tous les grands propriétaires. Elles ont privé l'Etat d'un revenu considérable, et qui dans les premiers temps de la
monarchie avoit seul suffi à toutes ces dépenses.

Ces lois spoliatrices, ces lois révolutionnaires
contre lesquelles la justice a toujours réclamé,
dont le rapport a été demandé à différentes
reprises, et agité même pendant le cours de notre
révolution, dans nos diverses assemblées nationales, et jusque sous le gouvernement consulaire
de Buonaparte, qui avoit lui-même proposé de
rétablir les rentes foncières dues à l'Etat créées
avec mélange de féodalité ; ces lois doivent-elles
survivre à la révolution dont elles ont été les
plus sûrs appuis, dont elles ont prolongé la durée
pour le malheur de la France ? Le retour de l'autorité légitime peut-il avoir lieu sans le retour de
la justice ?

Le système féodal est détruit à jamais, son joug
n'assujétira plus la France. Mais n'est-ce pas à
l'abolition du régime féodal seul que doivent se
borner tous nos vœux ? Doit-on aller plus loin
que la première assemblée nationale, qui, tout
en détruisant la féodalité, reconnut solennellement qu'elle ne pouvoit sans enfreindre les droits
sacrés et inviolables de la propriété, supprimer

sans indemnité tous les droits et devoirs utiles auxquels des concessions de fonds avoient donné l'être ? Les avis du conseil d'Etat de Buonaparte, les décrets impériaux, qui ont si scandaleusement ajouté à la spoliation des légitimes propriétaires, prononcée par les lois révolutionnaires, doivent-ils être encore des ordres impérieux dont les tribunaux ne puissent s'écarter dans leurs décisions, même en s'appuyant sur les textes formels des lois que ces avis et ces décrets ont l'apparence d'interpréter ? Ces actes d'un gouvernement usurpateur et arbitraire, peuvent-ils survivre aux troubles révolutionnaires qui les ont vu naître ?

La féodalité est pour toujours abolie; mais, sans proposer de la rétablir, pourroit-il être défendu d'examiner les lois qui, sous le prétexte de l'abolition du régime féodal, ont aboli des droits de propriété dont l'assemblée nationale, elle-même, avoit été obligée de reconnoître et de proclamer l'inviolabilité ?

Si toute la nation a constamment réclamé, sous le gouvernement républicain, et sous la domination de Buonaparte, contre l'injustice révoltante de ces lois, ces réclamations pourroient-elles être interdites aujourd'hui que la nation française est heureusement revenue à son gouvernement légitime ?

Enfin, si malheureusement la politique ou l'intérêt général commandoient de consacrer toutes les injustices commises par l'abolition des rentes foncières mélangées de féodalité, ne faudroit-il pas au moins excepter de cette abolition les rentes purement foncières, qu'aucune loi n'a supprimées?

Ces diverses questions dont la décision intéresse autant la politique que la justice, et sur lesquelles il eût été impossible d'exprimer son opinion avant le retour du gouvernement légitime, peuvent être examinées aujourd'hui. Elles sont l'objet de cet écrit, qui est divisé en cinq chapitres.

Le premier fait connoître la nature des cens et des rentes foncières et seigneuriales. Dans le second, on retrace les lois qui ont aboli les rentes foncières et seigneuriales. Le troisième traite du rétablissement de ces rentes. Dans le quatrième, on expose la jurisprudence de la cour de cassation et celle du conseil d'Etat, sur les lois abolitives du régime féodal. Enfin, le cinquième parle de divers droits fonciers abolis injustement comme dérivant de la féodalité.

CHAPITRE PREMIER.

On reconnoissoit dans le royaume, avant la révolution, trois sortes d'héritages ou d'immeubles: les uns étoient féodaux, les autres étoient censiers ou roturiers, et les troisièmes étoient allodiaux.

Si on vouloit rechercher la cause, la source et l'origine des héritages féodaux, censiers et allodiaux, il faudroit remonter à la naissance du régime féodal sur laquelle il existe différens systèmes plus ou moins vraisemblables, et se traîner péniblement à travers ces siècles de confusion et d'obscurité dans lesquels l'homme le plus pénétrant ne peut recueillir que des vraisemblances et des conjectures. Mais ces recherches savantes seroient inutiles pour l'objet de ce Traité. Il suffira de donner des idées précises sur cette matière, et de définir en quelque sorte ces trois espèces d'héritages.

On appeloit héritages féodaux, toutes possessions, terres, maisons et droits immobiliers, pour raison desquels le possesseur étoit tenu de faire foi et hommage, et à cette occasion ces héritages étoient appelés *fiefs*. « Ces héritages, dit Bacquet (1), anciennement avoient été donnés par les

---

(1) Traité du Droit des Francs-Fiefs. Prem. partie, chap. 2, num. 6.

premiers Rois de France, à vie seulement, à ceux qui faisoient profession des armes, qu'on appeloit gentils ou écuyers, à la charge de suivre nos Rois à la guerre pour la défense du royaume. Pour cette raison ils étoient tenus, à leur faire foi et hommage, c'est-à-dire, leur promettre fidélité et service personnel à l'effet que dessus : et de là étoit venu, pour le dire en passant, le droit de la convocation du ban et arrière-ban. Mais par succession de temps, et principalement pendant le règne de Hugues-Capet, les fiefs, qui n'étoient que viagers, comme les offices et bénéfices, selon l'opinion d'aucuns, furent faits perpétuels, domaniaux et héréditaires, afin de davantage attirer le cœur de la noblesse au service des Rois; à la charge toutefois qu'à chacune mutation le vassal feroit foi et hommage, et paieroit les droits et devoirs portés par les coutumes; et les fiefs étant faits domaniaux et héréditaires, les propriétaires les concédèrent *à arrière-fiefs* et *à rentes.* »

« Les héritages *censiers* ou roturiers, dit encore Bacquet, num. 7, étoient toutes possessions, terres, maisons et droits immobiliers, pour raison desquels le possesseur étoit tenu chaque année payer *censive*, c'est-à-dire, une redevance imposée par le propriétaire du fonds, lors de son aliénation ou concession, au seigneur ou propriétaire duquel ils étoient tenus, en reconnoissance de la seigneurie ou propriété directe, lesquels avoient été baillés ou bien par les Rois de France à cette charge, ou bien par les seigneurs féodaux mouvans du Roi, en plein fief ou arrière-fief, qui de leur domaine muable, et duquel le revenu étoit incertain et variable, avoient fait un domaine immuable, duquel le revenu étoit certain : ayant baillé portion de terres de leurs fiefs, lesquels ils tenoient en leurs mains, à cens, rente, bourdelage, terrage, champart, et autres droits seigneuriaux, consistant en deniers, grain, volaille ou autre redevance annuelle. »

Les héritages *allodiaux* ou tenus en franc-aleu, étoient toutes terres, possessions et droits immobiliers, pour raison desquels il n'étoit dû par le propriétaire aucune prestation de foi, d'hommage, censive, rente, ni redevances, ou devoir quelconque. Ils étoient appelés allodiaux, parce que les propriétaires de ces biens *neminem laudabant authorem ;* c'est-à-dire, qu'ils ne les tenoient d'aucun seigneur, soit féodal, soit censier (1).

« Tenir en *franc-aleu*, c'est, dit Bouteiller,

____

(1) *Alaudium est proprietas quæ à nullo recognoscitur, vel alaudium dicitur proprium et liberum alicujus patrimonium, quod à nemine alio tenetur, nec recognoscitur nisi à solo Deo. Ideo qui tenet prædium in alaudium, id est, in plenam et absolutam proprietatem, habet integrum, et directum dominium, quale à principio de jure gentium fuit distributum, et distinctum, et nullum soli dominum recognoscit sive tanquam patronum, sive tanquam alium dominum directum ; nec possidet tanquam vassalus, nec tanquam censuarius, emphyteuta, aut superficiarius, vel alio utili et inferiori dominio ; sed jure veri, liberi directi, et absoluti dominii.* Vid. *Guillem. Benedict.*, in cap. *Raynutius*, in verb. *uxorem nomine Adelasiam,* decis. 2, col. 3.

2.

» tenir de Dieu tant seulement, et ne devoir
» cens, rente, servage, ou relief, ni quelque
» autre redevance que ce soit, à la vie ni à la
» mort. »

Ces héritages étoient eux-mêmes de deux
espèces. Les uns étoient tenus en franc-aleu
noble, les autres en franc-aleu roturier.

Les héritages allodiaux étoient donc ceux qui
avoient conservé leur indépendance primitive,
et qui étoient ce que toute la surface du globe
étoit avant l'institution du régime féodal. *Quale*,
dit Dumoulin, *à principio de jure gentium fuit
distributum et distinctum* (1).

Tous héritages étant de leur nature allodiaux
francs et libres, il est naturel de penser qu'on
ne pouvoit les prétendre féodaux ou censuels,
c'est-à-dire, obligés à des droits et devoirs
féodaux ou censuels envers d'autres héritages,
si on ne faisoit apparoir du contraire par la
représentation du bail à fief ou à cens; enfin,
que la franchise et la liberté des héritages
étoient le droit commun, et la servitude l'exception.

Toutefois cette présomption si naturelle n'étoit
reçue que dans une très petite partie de la
France, telles que le Dauphiné, la Bourgogne,
le Lyonnais, et en général dans les provinces où
le droit romain étoit suivi, qu'on appeloit par
cette raison pays allodiaux; et dans quelques

____

(1) Dumoulin, sur l'art. 46 de la *Coutume de Paris.*

pays coutumiers, tels que Troyes, Chaumont; Nivernois, où les coutumes étoient allodiales.

Dans ces provinces de franc-aleu ou allodiales, nul ne pouvoit prétendre un droit féodal ou censuel sur un héritage, s'il ne rapportoit la preuve de la féodalité ou de la censive.

Dans la plus grande partie de la France, au contraire, tous les héritages étoient présumés soumis aux devoirs féodaux ou censuels, à moins de preuve contraire de la part du propriétaire. Cette présomption étoit la conséquence de la maxime vulgaire, *nulle terre sans seigneur*. Les historiens et les jurisconsultes ne sont point d'accord sur l'origine de cette règle. Il n'entre pas dans le plan de cet écrit de faire connoître les systèmes différens qui ont été imaginés pour expliquer cette origine; il suffit de rappeler cette maxime comme étant la règle générale suivie en France, règle à laquelle il n'étoit dérogé que par les coutumes allodiales, ou par les franchises dont les pays allodiaux étoient en possession depuis un temps immémorial.

Ces distinctions des héritages en féodaux, censiers et allodiaux, étoient nécessaires pour faire connoître la nature du *cens*, des *rentes foncières* et des *rentes seigneuriales*.

Du Cens.

LE mot *cens*, qui n'étoit employé avant l'abolition du régime féodal, que pour désigner les prestations recognitives de la directe, avoit autrefois une acception bien plus étendue. On comprenoit sous cette dénomination, non-seulement les droits seigneuriaux, mais les charges foncières, mais quelquefois même les simples rentes constituées. Dumoulin en fait la remarque en ces termes : *Census est dictio œquivoca et variæ significationis* (1). Cet usage vient de très-loin.

« Lorsque les Barbares, dit le président de
» Montesquieu, sortirent de leur pays, ils vou-
» lurent rédiger par écrit leurs usages : mais
» comme on trouvoit de la difficulté à écrire des
» mots germains avec des lettres romaines, on
» donna ces lois en latin. Dans la confusion de
» la conquête et de ses progrès, la plupart des
» choses changèrent de nature ; il fallut, pour
» les exprimer, se servir des anciens mots latins
» qui avoient le plus de rapport aux nouveaux
» usages : ainsi, ce qui pouvoit réveiller l'idée
» de l'ancien *cens* des Romains, on le nomma
» *census, tributum* (2). »

Une foule de monumens de la première et de la seconde race justifient cette observation. En parcourant les formules, les capitulaires, on y voit presqu'à chaque page le mot *cens* indifféremment employé pour désigner des rentes foncières, des charges personnelles, même des péages, en un mot des prestations de toute

______

(1) Dumoulin, sur la *Coutume de Paris*, liv. 2, préface du titre des Censives, n°. 7.

(2) *Esprit des Lois*, liv. 30, ch. 15.

espèce. On y voit très-clairement que l'on n'attachoit à cette expression aucune idée, aucun accessoire de seigneurie : et pour n'en citer qu'un seul exemple, le capitulaire de l'an 865 parlant des voitures que les hommes libres étoient tenus de fournir aux envoyés du Roi, donne à cette obligation la dénomination de *cens* (1).

Il a donc été un temps, et même qui n'est pas éloigné, où le mot *cens* servoit à désigner indistinctement toutes les charges auxquelles les immeubles pouvoient être assujétis.

Ainsi, dans les actes anciens la qualification de *cens* donnée à une rente, à une redevance, n'étoit pas une preuve que cette prestation fût seigneuriale, qu'elle fût recognitive de la directe, et emportât lods et ventes ; Dumoulin en fait la remarque (2).

Quelle étoit donc l'acception donnée au mot *cens*, dans la jurisprudence féodale ? C'est encore Dumoulin qui va nous l'apprendre. Le mot *cens*, dans cette acception, désignoit une prestation modique annuelle payée en reconnoissance du domaine direct et des droits seigneuriaux (3).

____

(1) *Ut missi nostri de omnibus* censibus *vel paraverdis quos franci homines ad regiam potestatem exsolvere debent*, *inquirent.* Voy. *Baluze*, tom. 2, tit. 37, art. 8.

(2) *Unde quum census præstatio tanquam æquivocum ad plura se habere possit, non concludit ad aliquod certum, nec probat subjectionem, vel aliud, nisi aliter probetur vel de causâ specificâ solvendi appareat.* Dumoulin, préf. du tit. *des censives*, n°. 18.

(3) *Modicum annuum canon quod præstatur in recognitionem do-*

Le *cens* différoit donc des rentes ordinaires, en ce qu'il étoit tout à-la-fois une dette et un devoir, comme prestation annuelle en argent ou en grain, c'étoit une dette, une rente; comme prestation recognitive de la seigneurie, c'étoit un devoir, un droit honorifique; dans la main du seigneur, le signe de sa supériorité.

Ainsi, le *cens* étoit un droit utile et honorifique. Ce double caractère n'avoit pas échappé à Dumoulin. Il en a fait la remarque en ces termes: *Census non est merum debitum pecuniarum, sed annexam habet honoris et reverentiæ exhibitionem.* (Art. 85 de la nouvelle coutume de Paris, n°. 3.)

Remarquez que lorsque Dumoulin dit que le *cens* est une prestation modique, *modicum canon*, il ne parle que dans l'acception commune et la plus ordinaire donnée à ce mot; car le cens pouvoit être plus ou moins onéreux; et Dumoulin lui-même dit que la prestation, connue dans le Nivernois, sous le nom de bordelage, est un *cens* de l'espèce la plus onéreuse (1).

Le mot *cens*, en effet, étoit une dénomination générique qui comprenoit tous les droits

----

minii *directi et jurium dominicalium.* Dumoul., préf. du tit. *des censives*, n°. 20.

(1) *Sic in consuetudine nivernensi, cap. 6, quod vocabulo barbaro obscuræ origini et duræ conditioni congruo vocant Bourdelagium à censu distinctum, species est censûs onerosioris et despicabilioris. Idem in paucis similibus.* Dumoul., préf. du tit. *des censives*, n°. 1.

recognitifs de la seigneurie directe, tous les droits imposés *in recognitionem dominii directi.*

Quelles que fussent la nature et la qualité de la prestation réservée, de quelque manière qu'elle fût qualifiée, toutes les fois qu'elle étoit établie comme droit recognitif de la directe, qu'elle étoit la première de toutes les charges dont l'immeuble étoit grevé, et qu'elle se payoit au seigneur territorial, elle tenoit lieu de *cens*, ou, pour parler plus exactement, elle formoit un véritable *cens*, elle en avoit tous les attributs, toutes les prérogatives.

Tel étoit donc le principe. Une redevance première, sous quelque dénomination qu'elle fût désignée, de quelque manière que s'en fît le paiement, soit en argent, soit en nature, lorsqu'elle étoit due au seigneur de l'héritage, étoit un véritable *cens*, en avoit tous les attributs, tous les priviléges.

Cette maxime étoit universellement reçue. Quelques coutumes, telles que celles d'Auvergne (art. 1, tit. 3), et de Bourbonnais (art. 582), en contenoient des dispositions expresses. Les dispositions de ces coutumes étoient puisées dans l'ancien coutumier de France : on y lit, liv. II, tit. 6, *de champart :* « Le seigneur à qui est dû » champart, ne doit avoir lods et ventes des » terres qui lui doivent champart, si icelui n'est » chef-seigneur, c'est-à-dire, seigneur foncier, » mais les aura le seigneur foncier; et au cas où » il n'y auroit autre chef-seigneur et foncier,

» celui à qui ce champart est dû, devroit les lods
» et ventes. »

Loyseau atteste et confirme cette maxime en
ces termes : « Il y a d'autres rentes seigneuriales
» spécialement reconnues et authorisées par cer-
» taines coustumes, et n'y a espèce ou qualité
» qui ne soit sujette à quelqu'une ; comme sur les
» vignes, le *complant*, en Poitou ; le *terceau*,
» à Chartres ; le *vignage*, à Clermont et à Mon-
» targis ; le *carpot*, ou pour mieux dire, le *quar-
» pot*, en Bourbonnais sur les terres laboura-
» bles ; le *champart*, en Beauce ; le *terrage* et
» *agrière*, en plusieurs coustumes ; sur les mai-
» sons, l'*hostise*, à Blois ; le *fouage*, en Nor-
» mandie et Bretagne ; le *festage* en Berry ; sur
» les prés, les *herbaux*, en Poitou ; sur tous les
» revenus des fermes et métairies, le *bordelage*,
» en Nivernois ; aussi se paie-t-il en argent, bled
» et plume : argent, pour les prés, bois et vignes ;
» bled, pour les terres labourables ; et plume,
» pour les nourritures. Or, tous ces droits sont
» seigneuriaux, et emportent lods et ventes,
» quand celui-ci auquel ils appartiennent, est le
» chef-seigneur, ou seigneur foncier, c'est-à-dire,
» premier et plus ancien seigneur et bailleur des
» fonds. » *Loyseau, De la distinction des Rentes,*
liv. I, ch. 5, n° 9.

Ainsi toutes les fois qu'il s'agissoit de déterminer si une rente foncière étoit seigneuriale,
si elle tenoit lieu du *cens*, et en partageoit les
prérogatives, deux choses étoient uniquement à

considérer : 1°. cette rente étoit-elle due au seigneur de l'héritage ? 2°. étoit-elle la première imposée sur ce même héritage ? Toutes les fois que ces deux circonstances se trouvoient réunies, la rente étoit un véritable *cens*.

Mais tout cens étoit-il nécessairement un cens féodal, qui ne devoit sa naissance qu'à la féodalité ? Non, le cens se divisoit en cens féodal ou seigneurial proprement dit, et en cens foncier ou cens seigneurial improprement dit. Il y avoit deux espèces de cens, le cens féodal et le cens foncier, parce qu'il y avoit deux espèces de domaines dont ils étoient *le signe*, le domaine féodal et le domaine foncier (1).

Le contrat *par lequel* on stipuloit un *cens*, étoit appelé *bail à cens* ; et on appeloit de ce nom le contrat par lequel le propriétaire d'un héritage en transféroit à un autre le domaine ou la propriété *utile*, sous la réserve d'une rente ou pension annuelle et perpétuelle, en retenant le domaine directe de l'héritage et les droits seigneuriaux (2), et ce contrat étoit féodal ou sim-

---

(1) *Quemadmodum in Gálliâ duo sunt generâ dominii directi, prædiorum seu rerum immobilium, videlicet feudale, et censuale : ita duplicia sunt jura dominicalia, illis attributa, videlicet, feudalia, et censualia.* Dumoulin, préf. *des censives*, n°. 1.

(2) *Apud nos contractus censualis est, quando dominium utile certi fundi transfertur sub annuâ et perpetuâ pensione, retento dominio directo, et jure dominicali, et ita generaliter accipitur et usitatur in toto hoc regno.* Dumoulin, préf. du tit. *des censives*, n°. 20.

plement foncier ou censier, selon que le bailleur de l'héritage étoit seigneur féodal de l'héritage baillé à rente, ou simplement propriétaire.

Un fief étoit un héritage dans lequel la propriété étoit unie à la puissance publique. Or, celui qui n'avoit pas sur un héritage cette partie de la puissance publique, ce droit de féodalité, ne pouvoit, en donnant à cens cet héritage, se la réserver ; car, on ne peut retenir sur un immeuble que ce que l'on y possède. Pour retenir la seigneurie féodale, il falloit donc l'avoir ; on ne pouvoit donc donner à cens seigneurial et féodal que les héritages que l'on possédoit à titre de seigneurie et de féodalité. (Voyez *les Dissertations féodales, par M. Henrion de Pansey, verb.* aleu. §. 9.)

Ce qui a pu confondre les idées, est le mot *dominus*, qu'on a traduit quelquefois par le mot *seigneur* ; d'autres fois, par le mot *maître, propriétaire* : de là vient le mot *dominité, seigneurie.*

Des Droits seigneuriaux.

On peut appliquer aux droits seigneuriaux ce que l'on vient de dire du *cens*. Cette dénomination embrassoit tout à la fois des droits fonciers et féodaux, et des droits simplement fonciers.

En général, les droits seigneuriaux étoient les droits que le propriétaire d'un immeuble se réservoit sur cet immeuble, en en aliénant le domaine

utile , et en reconnoissance de la directe seigneurie ou propriété , ou , comme on l'appeloit, de la
dominité qu'il se réservoit sur cet immeuble. Or ,
comme on l'a fait remarquer plus haut, d'après
Dumoulin , on connoissoit en France deux espèces
de domaine direct sur les immeubles , savoir,
le domaine féodal, et le domaine foncier ou censuel. Le premier, étoit une émanation de la puissance ou de la seigneurie publique ; le second,
n'étoit que le résultat du droit de propriété.

Les droits seigneuriaux que des particuliers
non-seigneurs d'un héritage , ne possédant aucune
puissance féodale sur cet héritage , s'étoient réservés lors de son aliénation , n'étoient pas , ne pouvoient jamais être des droits seigneuriaux en ce
sens qu'ils étoient des droits féodaux, ou dépendans de la féodalité ; c'étoit, et rien de plus , des
cens fonciers , des redevances foncières et nullement féodales. C'est la remarque que fait encore
Dumoulin , à l'égard de la redévance , connue
dans la coutume de Blois, sous le nom de champart, et dans celle de Nivernois, sous le nom de
bordelage (1). C'est ce que confirme l'art. 382

---

(1) *Quod enim Blesis faciunt tertium jus dominicum, quod vocant
campipartem sive terragium ut in consuetud. Blesens.*, §. 33, §. 130.
*Species est censús generaliter sumpti, quæ consistit in reditu pe-
cuniario vel pecunia æstimabili, sine homagio et honore feudali, ut
census annuus, sic in consuetudine Nivernensi. Cap. 6. Quod vocabulo barbaro obscuræ origini et duræ conditioni congruo vocant
Bourdelagium à censu distinctum , species est censús onerosioris et
despicabilioris. Item in paucis similibus.* Dumoulin, préf. sur le
tit. *des censives*, n°. 1.

de la coutume de Bourbonnais, qui porte : « la
» première rente constituée sur aucun héritage
» allodial, s'appelle rente *foncière*, et emporte
» droit de · directe seigneurie et {de lods et
» ventes. »

C'est dans ce sens qu'il faut entendre ce que
dit Loyseau dans le passage suivant : « Aussi tous
» ceux qui ont quelque rente *seigneuriale* sur un
» héritage, quand ils y sont les premiers *bail-*
» *leurs* et *seigneurs* d'icelui, et surtout quand il
» n'y a point de seigneur censier ou féodal, sont
» appelés *chefs-seigneurs* ou *seigneurs fonciers*,
» ou *très-fonciers*, *quasi domini ipsius soli*, et
» leur rente s'appelle *fonds de terre*, *quasi sola-*
» *rium*. Comme aussi on voit qu'en notre cous-
» tume de Paris, le *cens* et *fonds de terre*, et le
» *seigneur censier et foncier*, sont volontiers mis
» ensemble et égalés l'un à l'autre : de sorte que
» même Dumoulin a pensé que ce fussent syno-
» nymes. » *De la distinction des rentes, Riv. I,*
chap. 5, n° 11.

« Pareillement, il faut prendre garde que la
» seigneurie foncière est autre chose que rente
» foncière ; car, la seigneurie foncière signifie la
» première et plus ancienne seigneurie directe
» de l'héritage ; et celui par conséquent à qui
» elle est s'appelle *seigneur foncier* ou *très-fon-*
» *cier*, ou *chef-seigneur* ; comme il se voit au
» grand coutumier, *l. IV*, *tit. De justice fonc.* »
De ces autorités il faut conclure que la dénomination de *rente seigneuriale* ne signifioit

pas nécessairement et absolument une rente féodale, mais seulement la première redevance
foncière imposée par le bailleur lors du bail
de l'héritage ; et que pour qu'une telle redevance fût féodale, il étoit indispensable qu'elle
eût été créée par un seigneur féodal ; qu'autrement ce n'étoit qu'une redevance foncière.

Des Rentes foncières.

LES rentes foncières étoient « des redevances
» principales des héritages imposées en l'alié-
» nation d'iceux, pour être payées et supportées
» par leur détenteur. »

Cette définition des rentes foncières, qui est
aussi exacte qu'elle est brève, est celle que
donne Loyseau. (*De la distinction des Rentes,*
liv. i, chap. 3, n°. 8.)

Le même jurisconsulte, développant cette
définition, ajoute : « Donc la vraie marque des
» rentes foncières, qui les distingue des consti-
» tuées, est qu'elles sont dueus à celuy qui,
» autrefois, a esté le seigneur de l'héritage, et
» qu'elles ont esté par lui créées et imposées en
» la tradition et aliénation de l'héritage, qui a
» esté tranféré à cette condition qu'il demeu-
» reroit chargé de cette rente, laquelle le seigneur
» et aliénateur s'est retenue et réservée sur son
» héritage : c'est pourquoi elles s'appellent aussi
» *rentes de bail d'héritage,* qui est le nom que

» leur baille notre coustume de Paris, en
» l'art. 109, et les coustumes de Senlis, art. 273
» et 274; de Clermont, art. 14 et 36, et autres,
» les appellent *rentes propriétaires.* » (*Ibid*,
chap. 4, n°. 1.)

Les rentes foncières avoient, avec les rentes
constituées, les rentes féodales et les rentes seigneuriales ou censuelles des différences importantes qu'il est nécessaire d'indiquer.

Elles différoient des rentes constituées, en ce
que ces dernières avoient pour cause, non l'aliénation d'un immeuble, ce qui étoit le caractère
distinctif des rentes foncières, mais une somme
d'argent que le créancier de la rente avoit livrée
au débiteur, et pour laquelle ce dernier avoit
constitué une rente. C'est pour cela qu'elles
étoient appelées *rentes constituées.* Elles avoient
été inventées pour suppléer au prêt de l'argent
à intérêt qu'on croyoit interdit par les lois cano-
niques.

Elles différoient des rentes féodales, et des
rentes foncières seigneuriales et censuelles, en
ce que le bail d'héritages, dont elles étoient le
prix, emportoit l'aliénation de la pleine, de
l'entière propriété de l'héritage, et, pour se
servir des expressions de Loyseau, emportoit
*aliénation absolue, tant de la directe, que de
l'utile seigneurie;* au lieu que le bail à cens d'un
heritage féodal, ou simplement foncier, n'emportoit que l'aliénation du domaine utile de
l'héritage, et que le domaine direct, féodal ou

simplement foncier, étoit réservé et retenu dans les mains du bailleur de l'héritage.

C'est cette différence entre les rentes foncières et les rentes féodales et seigneuriales, qui faisoit dire à Dumoulin, sur le titre 2 de la Coutume de Paris, n°. 36, que le bail d'héritage à rente foncière, qu'il appelle *concessio ad certum annuum et perpetuum reditum*, n'est ni un contrat de bail à cens, ni un contrat à bail emphytéotique, mais un contrat distinct, emportant l'aliénation et l'expropriation de l'héritage , sans rétention du domaine ou de la seigneurie directe, ni aucun autre droit que celui de percevoir la rente stipulée.

Au reste, un caractère particulier aux rentes foncières, étoit d'être dues par l'héritage même sur lequel elles avoient été créées par le bail d'héritage, et de le suivre en quelques mains qu'il passât, pour être payées par le nouveau détenteur de l'héritage ; et, par une conséquence de caractère, le preneur d'un immeuble à rente foncière étoit délié de l'obligation de payer la rente quand il avoit cessé d'être détenteur de l'immeuble, soit qu'il l'eût aliéné, soit que l'immeuble eût péri.

Loyseau en donne la raison en ces termes : « Car, puisque ce sont les héritages qui sont » vrayement redevables de ces charges, et que » les personnes n'en sont tenues qu'à cause d'i- » ceux et en tant qu'elles les détiennent et pos- » sèdent ; pour ce que les héritages sont choses

» inanimées, qui ne peuvent ny recevoir l'ac-
» tion, ny faire le payement sans le ministère de
» la personne; il s'ensuit qu'abolissant, par le
» déguerpissement, la cause qui rend la per-
» sonne tenuë de ces charges, à sçavoir la déten-
» tion de l'héritage, l'effet sera osté et aboly
» quant et quant, qui est l'obligation de la per-
» sonne. Aussi que n'estant rien plus naturel,
» sinon que toutes choses soient dissolues par le
» même moyen qu'elles ont esté liées, c'est la
» raison que, puisque par la prise et appréhen-
» sion de l'héritage, le détempteur s'estoit lié au
» payement des charges, en le requittant et
» délaissant il s'en puisse délivrer et désobli-
» ger. » (*Voy.* Loyseau, *du Déguerpissement,*
liv. 4, chap. 5, n°. 1.)

Cependant si le preneur à bail de l'héritage
s'étoit personnellement obligé au paiement de la
rente foncière, comme, par exemple, si elle
avoit été constituée non-seulement sur la chose
aliénée, mais aussi sur tous et chacuns les biens
de l'acquéreur, ou si on avoit inséré dans le
contrat la clause que le preneur promettoit
garantir et faire valoir la rente, celui-ci ne
pouvoit être admis à déguerpir l'héritage pour
se délier de l'obligation de payer la rente. C'est
l'observation que fait Loyseau, et la Cour de cassation l'a ainsi jugé par un arrêt du 30 avril 1806.

Les diverses notions qu'on vient de donner
sur la nature des cens, et sur des rentes foncières
et seigneuriales, rendront plus facile l'intelligence
des chapitres suivans.

CHAPITRE II.

Des Lois qui ont détruit le Régime féodal, et aboli sans indemnité les Rentes ou autres Redevances foncières mélangées de féodalité.

———

L'Assemblée Nationale, par son célèbre décret du 4 août 1789, détruisit entièrement le régime féodal, et décréta que, dans les droits, tant féodaux que *censuels*, ceux qui tenoient à la main-morte réelle ou personnelle, et à la servitude personnelle, et ceux qui les représentoient, étoient abolis sans indemnité, *et tous les autres déclarés rachetables ;* le prix et le mode du rachat devoient être fixés par l'assemblée nationale. (Art. 1ᵉʳ.)

Par l'art. 4, elle supprima, sans aucune indemnité, toutes les justices seigneuriales.

Par l'art. 5, « les dîmes de toute nature, et
» les redevances qui en tiennent lieu, sous
» quelque dénomination qu'elles soient connues
» et perçues, même par abonnement, possédées
» par les corps séculiers et réguliers, par les
» bénéficiers, les fabriques et tous gens de main-
» morte, même par l'ordre de Malte et autres
» ordres religieux et militaires, même celles qui
» auroient été abandonnées à des laïcs, en rem-
» placement et pour option de portion congrue,

» sont abolies; sauf à aviser à subvenir d'une
» autre manière à la dépense du culte divin, à
» l'entretien des ministres des autels, au soula-
» gement des pauvres, aux réparations et re-
» constructions des églises et presbytères, et à
» tous les établissemens, séminaires, écoles,
» colléges, hôpitaux, communautés et autres,
» à l'entretien desquels elles sont actuellement
» affectées.

· » Quant aux autres dîmes, de quelque nature
» qu'elles soient, elles seront rachetables de la
» manière qui sera réglée par l'assemblée; et,
» jusqu'au réglement à faire à ce sujet, l'assem-
» blée nationale ordonne que la perception en
» sera aussi continuée. »

Par l'art. 6, il fut disposé que « toutes les
» rentes foncières perpétuelles, soit en nature,
» soit en argent, de quelque espèce qu'elles
» soient, quelle que soit leur origine, à quelques
» personnes qu'elles soient dues, gens de main-
» morte, domaine, apanagistes, ordre de Malte,
» seront rachetables; les champarts de toute
» espèce, et sous toute dénomination, le seront
» pareillement au taux qui sera fixé par l'assem-
» blée. Défenses sont faites de plus à l'avenir
» créer aucune redevance non remboursable. »

· C'est ce décret, auquel le Roi ne donna sa sanction que le 3 novembre suivant, qui est la base de
tous ceux que l'assemblée nationale a rendus sur
l'abolition des droits féodaux. On doit remarquer que ce décret divise en deux classes les

droits tant féodaux que censuels ; savoir , les droits qui tiennent à la main-morte réelle ou personnelle , et à la servitude personnelle , et ceux qui les représentent , et les droits ou redevances purement utiles : les premiers sont abolis sans indemnité, les seconds sont déclarés rachetables d'après le mode qui sera fixé.

Ce décret donna à la nation le funeste exemple de la violation du droit de propriété : c'étoit en effet porter atteinte à ce droit que d'abolir sans indemnité les droits féodaux même purement honorifiques , lorsque ces droits avoient été stipulés par un seigneur, comme une partie du prix de la concession de l'héritage par lui concédé. Ces droits formoient évidemment partie du prix de concession librement stipulé ; et ils ne pouvoient, sans blesser les principes d'une justice exacte, être supprimés sans indemnité. C'est ce que la célèbre déclaration donnée par Louis XVI le 23 juin 1789 , concernant la tenue des États Généraux , reconnoissoit en termes formels ; l'article 12 étoit ainsi conçu : « Toutes les propriétés, » sans exception, seront constamment respectées, » et Sa Majesté comprend expressément, sous » le nom de propriétés, les *dîmes*, *cens*, *rentes*, » *droits et devoirs féodaux et seigneuriaux*, et » généralement tous les droits et prérogatives » utiles ou honorifiques, attachés aux terres et » aux fiefs, ou appartenant aux personnes. »

Cette intention du Roi, hautement manifestée, de faire respecter toutes les propriétés, explique lerc tard qu'il apporta à donner son approbation au décret du 4 août 1789 : ce décret violoit le droit de propriété en abolissant, sans aucune indemnité, les droits féodaux personnels et honorifiques.

Mais au moins les droits utiles, les rentes et redevances foncières, qui étoient le prix de la vente, de la concession de l'héritage, furent maintenus par ce décret, et seulement déclarés rachetables.

Le décret du 15 mars 1790 développa les principes que celui du 4 août précédent n'avoit fait que poser.

Par le titre 1er, le décret règle les effets généraux de la destruction du régime féodal. L'article 1er dispose que « toutes distinctions honori-
» fiques, supériorité et puissance résultant du
» régime féodal sont abolies ; quant à ceux des
» droits utiles qui subsisteront jusqu'au rachat,
» ils sont entièrement assimilés aux simples rentes
» et charges foncières. »

Dans le titre 2, le décret énumère les droits seigneuriaux qui sont supprimés sans indemnité. L'art. 4 de ce titre est remarquable en ce qu'il ordonne que « tous les actes d'affran-
» chissement par lesquels la main-morte réelle
» ou mixte aura été convertie sur les fonds ci-
» devant affectés de cette servitude, en rede-
» vances foncières, et en droits de lods aux mu-
» tations, seront exécutés selon leur forme et
» teneur, à moins que lesdites charges et droits

» de mutation ne se trouvassent excéder les
» charges et droits usités dans la même sei-
» gneurie, ou établis par la coutume, ou l'usage
» général de la province, relativement aux
» fonds non main-mortables, tenus en censives. »

Le titre 3 traite des droits seigneuriaux rachetables.

L'article 1ᵉʳ s'explique ainsi :

« Seront simplement rachetables et continne-
» ront d'être payés jusqu'au rachat effectué,
» tous les droits et devoirs féodaux ou censuels
» utiles, qui sont le prix et la condition d'une
» concession primitive de fonds.

» Art. 2. Et sont présumés tels, sauf la preuve
» contraire, 1°. toutes redevances seigneuriales
» annuelles en argent, grains, volailles, cires,
» denrées ou fruits de la terre, servies sous la
» dénomination de cens, censives, surcens, cap-
» casal, rentes féodales, seigneuriales et emphy-
» téotiques, champart, tasque, terrage, arrage,
» agrier, complant, soété, dîmes inféodées, ou
» sous toute autre dénomination quelconque,
» qui ne se paient et ne sont dues que par le pro-
» priétaire ou possesseur d'un fonds, tant qu'il
» est propriétaire ou possesseur, et à raison de
» la durée de sa possession; 2°. tous les droits
» casuels qui, sous les noms de quint, requint,
» treizième, lods et treizains, lods et ventes,
» ventes et issues, *mi-lods*, rachats, venterolles,
» reliefs, relevoison, plaids et autres dénomina-
» tions quelconques, sont dus à cause des mu-

(40)

» tations survenues dans la propriété ou la pos-
» session d'un fonds, par le vendeur, l'acheteur,
» les donataires, les héritiers, et tous autres
» ayans cause du précédent propriétaire ou pos-
» sesseur ; 3°. les droits d'*acapte*, *arrière-acapte*
» et autres semblables, dûs, tant à la mutation
» des ci-devant seigneurs, qu'à celle des pro-
» priétaires ou possesseurs. »

On voit que cet article soumettoit les droits
seigneuriaux maintenus à deux dispositions générales : la première, que, dans la main de celui
qui les possédoit, ils étoient *présumés* être le
prix d'une concession primitive de fonds ; la
seconde, que cette présomption pouvoit être
détruite par l'effet d'*une preuve contraire*, mais
que cette preuve contraire étoit à la charge du
redevable, et que si le redevable ne pouvoit
pas y parvenir, la présomption légale reprenoit
toute sa force, et le condamnoit à continuer le
paiement.

Les développemens donnés par ce décret aux
principes posés dans celui du 4 août 1789,
furent impuissans pour ramener dans les campagnes la tranquillité que de fausses interprétations de ce décret avoient troublée. A cette
époque de la dissolution du gouvernement et de
toutes les institutions monarchiques, les habitans
des campagnes se crurent dégagés du paiement
des redevances les plus justes, de celles qui
étoient le prix des concessions de fonds qui leur
avoient été faites par leurs ci-devant seigneurs,

ou même par des particuliers qui n'avoient aucune puissance féodale. Sous le prétexte que le décret du 4 août 1789, avoit aboli, sans indemnité, tous les droits féodaux, on affecta de confondre au préjudice des concessionnaires de fonds, les signes ou caractères de la féodalité, avec les redevances purement foncières.

L'assemblée nationale se vit obligée, pour calmer les agitations que ses décrets avoient fait naître, de donner, le 19 juin 1791, une instruction sur les ci-devant droits seigneuriaux, déclarés rachetables par le décret du 15 mars 1790.

Cette instruction, qui a été revêtue de la sanction du Roi, et qui a par là tous les caractères de la loi, fait bien connoître le véritable, le seul esprit des lois abolitives de la féodalité :

« L'assemblée nationale a rempli, par l'aboli-
» tion du régime féodal, prononcée dans sa
» séance du 4 août 1789, une des plus impor-
» tantes missions dont l'avoit chargée la volonté
» souveraine de la nation française ; mais, ni la
» nation française, ni ses représentans, n'ont eu la
» pensée d'enfreindre par là les droits sacrés de
» la propriété.
» Aussi, en même temps qu'elle a reconnu
» avec le plus grand éclat qu'un homme n'avoit
» jamais pu devenir propriétaire d'un autre
» homme, et qu'en conséquence les droits que
» l'un s'étoit arrogés sur la personne de l'autre
» n'avoient jamais pu devenir une propriété pour
» le premier, l'assemblée nationale a maintenu,

» de la manière la plus précise, tous les droits
» et devoirs utiles auxquels des concessions de
» fonds avoient donné l'être, et elle a seulement
» permis de les racheter.

» Les explications données à cet égard par le
» décret du 15 mars 1790, paroissoient devoir
» rétablir à jamais, dans les campagnes, la tran-
» quillité qu'avoient troublée de fausses inter-
» prétations de celui du 4 août 1789.

» Très-malheureusement la violence employée
» de fait, ou annoncée par des menaces, a seule,
» depuis deux ans, exempté un grand nombre
» de personnes du paiement des droits de
» champart, de terrage, et autres, ci-devant
» seigneuriaux ou *simplement fonciers*, etc.

» Ces développemens suffiront, sans doute,
» pour faire cesser toute espèce de difficulté sur
» le sens et l'objet des lois par lesquelles l'as-
» semblée nationale a déclaré rachetables, et
» conservé jusqu'au rachat effectué, les droits
» qui, par leur nature, sont présumés venir de
» la concession des fonds. Ainsi, plus de prétexte
» aux injustes refus de paiement; et il faut que
» celui qui fera un semblable refus s'attende à
» passer, dans tous les esprits, pour rebelle à la
» loi, pour *usurpateur de la propriété d'autrui*,
» pour mauvais citoyen, pour l'ennemi de tous :
» il faut, par conséquent, qu'il s'attende à voir
» se réunir contre lui toutes les classes de pro-
» priétaires, justement fondées à craindre que le
» contre-coup de l'atteinte portée à la propriété

» des domaines incorporels, ne vienne, un jour
» ou l'autre, frapper celle des domaines fonciers ;
» et si, par le plus invraisemblable, des effets de
» sa coupable audace, il parvenoit à mettre dans
» son parti des gens assez téméraires pour trou-
» bler, par des voies de fait, par des menaces
» ou autrement, la perception des droits non
» supprimés, dans ce cas, les corps chargés des
» pouvoirs de la nation n'oublieront pas les de-
» voirs qui leur sont imposés par les décrets des
» 18 juin et 13 juillet 1790.

   » Sans doute ces mesures seront rarement
» nécessaires, et l'assemblée nationale a droit
» d'espérer que les citoyens des campagnes,
» sachant apprécier ce qu'elle a fait pour leur
» bonheur, s'empresseront partout d'acquitter
   es droits dont *il n'a pas été en son pouvoir*
» *de les affranchir.* Ils n'oublieront pas que c'est
» pour la prospérité de l'agriculture qu'ont été
» abolies la dîme, les corvées, les banalités, la
» gabelle, et cette foule incalculable d'autres
» droits, aussi avilissans par leur origine que
» pénibles par leur poids journalier ; ils ne feront
» pas repentir l'assemblée nationale de bienfaits
» aussi signalés, *en violant des droits que la jus-*
» *tice la plus impérieuse l'a forcée de maintenir*
» *jusqu'au rachat;* et ils sentiront tous que,
» puisqu'ils sont devenus égaux en droits à leurs
» ci-devant seigneurs, ceux-ci doivent, par cela
» seul, jouir paisiblement, comme chacun d'eux,
» de *leurs propriétés.* »

Ces droits de propriété, dont la première assemblée nationale n'avoit pas cru qu'il fût en son pouvoir d'affranchir les tenanciers, au préjudice des anciens propriétaires, et que la *justice la plus impérieuse l'avoit forcée de maintenir jusqu'au rachat*, malgré les idées de liberté et de faveur pour l'agriculture, qui entraînèrent plus d'une fois au-delà du but cette illustre assemblée, furent méconnus par la seconde assemblée nationale, ou plutôt par la faction dominante dans cette assemblée, qui, voulant renverser la monarchie pour établir la république, fut obligée de se créer un grand nombre de partisans dans le peuple.

La loi du 25 août 1792 fut rendue dans des circonstances qu'il faut rappeler. Par son décret du 10 août, l'assemblée nationale avoit suspendu *Louis XVI de ses fonctions* (art. 2.), et avoit annoncé à la nation que des défiances ayant provoqué, de diverses parties de l'Empire, un vœu tendant à la révocation de l'autorité déléguée à Louis XVI, « elle ne pouvoit concilier ce qu'elle » devoit à sa fidélité inébranlable à la constitu- » tion, avec sa ferme résolution de s'ensevelir » sous les ruines du temple de la Liberté, plutôt » que de la laisser périr; qu'en recourant à la » souveraineté du peuple, et en invitant le peuple » français à former une convention nationale. »

La faction qui vouloit détruire le gouverne- ment monarchique, ne négligea aucun moyen pour composer cette assemblée, qui étoit destinée à mettre le comble aux malheurs de la France, d'hommes opposés à la monarchie.

De là vinrent, d'abord, le décret du 10 août 1792, qui décida, par dérogation à tout ce qui s'étoit jusqu'alors pratiqué, que, pour la formation de la convention nationale, tout Français, âgé de vingt-cinq ans, domicilié depuis un an, vivant du produit de son travail, seroit admis à voter dans les assemblées de commune et dans les assemblées primaires, comme tout autre citoyen actif;

Et celui du lendemain, dont l'art. 3 étoit ainsi conçu : « Les conditions d'éligibilité exigées » pour les électeurs ou pour les représentans, » n'étant point applicables à une convention » nationale, il suffira, pour être éligible comme » député ou comme électeur, d'être âgé de » vingt-cinq ans, et de réunir les conditions exi- » gées par l'article précédent. »

Ces conditions qu'on exigeoit de la part de ceux qui étoient appelés à exercer *la souverai- neté du peuple*, et à changer un gouvernement sous lequel la France avoit été heureuse pendant plusieurs siècles, étoient : « d'être Français, do- » micilié depuis un an, vivant de son revenu ou » du produit de son travail, et n'étant pas en » état de domesticité. »

Tout Français qui réunissoit ces conditions, étoit jugé capable de représenter la nation, et d'exercer la souveraineté du peuple.

C'est dans ces circonstances, où la plus grande

anarchie régnoit dans le gouvernement, que fut
portée la loi du 25 août 1792, une des dernières
de cette assemblée ; et le but de ses auteurs fut
visiblement de mettre aux prises dans ces élec-
tions la classe inférieure du peuple, contre les
nobles et les propriétaires.

L'art. 2 porte : « Toute propriété foncière est
» réputée franche et libre de tous droits, tant
» féodaux que censuels, si ceux qui les réclament
» ne-prouvent le contraire dans la forme qui
» sera prescrite ci-après. »

Art. 3. « Tous les actes d'affranchissement de
» la main-morte réelle ou mixte et tous autres
» actes équivalens, sont révoqués et annulés.
» Toutes redevances, dîmes ou prestations quel-
» conques établies par lesdits actes, en repré-
» sentation de la main-morte, sont supprimées
» sans indemnité ; tous corps d'héritage, cédés
» pour prix d'affranchissement de la main-
» morte, soit par les communautés, soit par les
» particuliers, et qui se trouvent entre les mains
» des ci-devant seigneurs, seront restitués à ceux
» qui les auront cédés, et les sommes de deniers
» promises pour la même cause, et non encore
» payées, ne pourront être exigées. »

Art. 5. « Tous les droits féodaux ou censuels
» utiles, toutes les redevances seigneuriales
» annuelles en argent, grains, volailles, cire,
» denrées ou fruits de la terre, servis sous la
» dénomination de cens, censives, surcens, cap-
» casal, rentes seigneuriales et emphytéotiques,

» champart, tasque, terrage, arrage ; agrier ;
» complant, soété, dimes inféodées, en tant
» qu'elles tiennent de la nature des redevances
» féodales ou censuelles, et conservées indéfini-
» ment par l'art. 2 du tit. III du décret du 15
» mars 1790, etc. ; et généralement tous les droits
» seigneuriaux, tant féodaux que censuels, con-
» servés ou déclarés rachetables par les lois
» antérieures, quelles que soient leur nature et
» leur dénomination, même ceux qui pourroient
» avoir été omis dans lesdites lois ou dans le
» présent décret, ainsi que tous les abonnemens,
» pensions et prestations quelconques qui les
» représentent, sont abolis sans indemnité, à
» moins qu'ils ne soient justifiés avoir pour cause
» une concession primitive de fonds, *laquelle*
» *cause ne pourra être établie qu'autant qu'elle*
» *se trouvera clairement énoncée dans l'acte*
» *primordial d'inféodation, d'acensement ou*
» *de bail à cens*, QUI DEVRA ÊTRE RAP-
» PORTÉ »

L'injustice de la disposition contenue dans cet article 5 est manifeste. En effet, d'après la jurisprudence certaine, les droits seigneuriaux que cet article supprime sans aucune indemnité étoient *présumés, ipso jure*, provenir d'une concession primitive de fonds, et l'assemblée nationale, dans son instruction du 19 juin 1791, avoit solennellement reconnu ce principe, en réservant toutefois au redevable la preuve contraire. L'article 5 renverse ce principe ; il suppose, contre la raison ; contre l'évidence, que les droits seigneuriaux dont il fait l'énumération ne doivent leur origine qu'à la puissance féodale, sans aucune concession de fonds de la part du seigneur, et il impose au seigneur l'obligation de justifier de cette concession primitive de fonds, non pas dans les formes ordinaires, mais par *l'acte primordial d'inféodation, d'acensement, ou de bail à cens qui devra être rapporté.* Et comme il étoit très-rare que les seigneurs pussent représenter ces actes primitifs de concession de fonds, il en résultoit que l'exception même que l'art. 5 sembloit contenir en leur faveur, étoit purement chimérique et illusoire.

On croit peut-être qu'il étoit impossible de violer plus scandaleusement le droit de propriété qu'il ne l'avoit été par cette loi ; on se trompe. La convention nationale alla encore plus loin.

Par la loi odieuse du 17 juillet 1793, les propriétaires des droits seigneuriaux furent entièrement spoliés. La faction démocratique, qui avoit usurpé l'autorité, vouloit la république. Il falloit porter la masse du peuple à accueillir cette espèce de gouvernement, ce fut le motif qui détermina à supprimer les rentes foncières seigneuriales. L'art. 1ᵉʳ. de la loi dispose ainsi qu'il suit :
« Toutes redevances ci-devant seigneuriales,
» droits féodaux fixes et casuels, même ceux
» conservés par le décret du 25 août dernier,
» sont supprimés sans indemnité. »

La loi n'excepta de la spoliation qu'elle décré-
toit, que « les rentes ou prestations purement
» foncières et *non féodales.* » (Art. 2.)

Pour éviter toute espérance de retour contre
ce vol public, l'art. 5 disposa : « Les ci-devant
» seigneurs, les feudistes, commissaires à ter-
» rier, notaires et autres dépositaires de titres
» constitutifs ou recognitifs de droits supprimés
» par le présent décret, et par les décrets anté-
» rieurs rendus par les assemblées précédentes,
» seront tenus de les déposer, dans les trois mois
» de la publication du présent décret, au greffe
» des municipalités des lieux. Ceux qui seront
» déposés avant le 18 août prochain, seront
» brûlés ledit jour, en présence du conseil gé-
» néral de la commune et des citoyens : le surplus
» sera brûlé à l'expiration des trois mois. »

A cette dernière loi il faut ajouter deux décrets d'ordre du jour : le premier du 2 octobre
1793 ; le second du 7 ventôse an 2.

Le décret d'ordre du jour, du 2 octobre
1793, est intitulé : *Loi relative aux actes de
concession, à titre d'inféodation, et du brûlement des titres féodaux mixtes.*

« Un membre présente, au nom du comité
» de législation, un projet de déclaration, con-
» tenant deux points principaux : le premier
» consistoit à séparer, dans les actes portant
» concession primitive de fonds, à titre d'in-
» féodation ou d'accensement, ce qui étoit pure-
» ment foncier, d'avec les droits qui, sous le

» nom de cens et de casualité, rappeloient le ré-
» gime tyrannique aboli par la loi du 4 août
» 1789.

» Le second point de la déclaration consistoit
» à proroger à six mois le brûlement des titres
» féodaux mixtes.

» Sur ces deux propositions, la convention
» nationale passe à l'ordre du jour, motivé sur
» la loi du 17 juillet, relative aux droits féo-
» daux. »

Le décret d'ordre du jour du 7 ventose an 2,
est intitulé : « *Loi relative à la question proposée*
» *par l'administrateur des domaines nationaux,*
» *si la régie nationale peut recevoir le rachat*
» *qui lui est offert pour le compte de la na-*
» *tion, d'une rente de trente-cinq setiers de*
» *blé, qualifiée foncière et seigneuriale.*

» La convention nationale, après avoir en-
» tendu le rapport de son comité de législation,
» sur la question proposée par l'administrateur
» des domaines nationaux, si la régie nationale
» de l'enregistrement et des domaines peut re-
» cevoir le rachat qui lui est offert pour le compte
» de la nation, d'une rente de trente-cinq se-
» tiers de blé, qualifiée foncière et seigneuriale
» par le titre primitif ou bail d'héritage, dans
» lequel est en même temps stipulé un droit de
» cens emportant lods et ventes.

» Considérant que déjà elle a déclaré, par
» un décret d'ordre du jour, du 2 octobre 1793
» (vieux style), qu'elle avoit entendu, par la

» loi du 17 juillet précédent, supprimer sans
» indemnité les rentes foncières qui avoient été
» créées, même par concession de fonds, avec
» mélange de cens ou autre signe de seigneurie
» ou féodalité.

» Déclare qu'il n'y a pas lieu à délibérer. »

Les deux décrets qu'on vient de rapporter,
n'ajoutent rien aux lois des 25 août 1792 et
17 juillet 1793 ; ils ne disposent rien.

Cependant, on verra dans le chap. 4 comment
on a attribué à ces deux décrets d'ordre du jour,
tout l'effet des dispositions législatives les plus
précises. Des avis du conseil-d'Etat, approuvés ou
même non approuvés par Buonaparte, et des décrets impériaux, ont encore aggravé l'injustice
en étendant la suppression sans indemnité aux
rentes simplement foncières et non féodales.
Sous ce rapport, la jurisprudence des cours du
Royaume, qui n'est fondée que sur ces actes illé-
gaux du gouvernement de Buonaparte, et non
sur les dispositions des lois abolitives de la féodalité, ne devroit plus être suivie aujourd'hui,
quand même ces lois ne seroient pas rapportées :
c'est ce que prouvera le simple exposé de la jurisprudence de la cour de cassation et du conseil-
d'Etat. Mais il seroit inutile de faire voir l'iniquité
de cette jurisprudence si les lois elles-mêmes, dont
elles font l'application, étoient abrogées.

4.

CHAPITRE III.

Du rétablissement des Rentes foncières mélangées de féodalité.

Il n'est personne qui ne soit convaincu de la profonde injustice des lois qui ont aboli sans indemnité les rentes foncières créées pour prix d'une concession de fonds, mais avec mélange de féodalité. Tout le monde convient qu'il n'y eut jamais de violation plus manifeste du droit de propriété, sous un prétexte plus absurde : aussi la première assemblée nationale, la seule de nos assemblées qui ait eu des pouvoirs légitimes de la nation, et qu'on n'oseroit pas accuser de respect pour le régime féodal qu'elle a aboli, avoit-elle solennellement reconnu, comme on l'a déjà rappelé, et comme on ne sauroit assez le redire, que ni la nation française, ni ses représentans, n'avoient eu la pensée d'enfreindre, par l'abolition du régime féodal, les droits sacrés et inviolables de la propriété, en supprimant sans indemnité tous les devoirs utiles auxquels des concessions de fonds avoient donné l'être ; que le débiteur d'une rente foncière, et en général tout débiteur des droits qui étoient présumés, par leur nature, avoir

pour cause une concession de fonds, ne pouvoit en refuser le paiement sans passer, dans
tous les esprits, pour usurpateur de la propriété
d'autrui ; enfin, que la justice la plus impérieuse forçoit le législateur à maintenir ces droits
jusqu'au rachat.

Les lois des 28 août 1792 et 17 juillet 1793,
en supprimant, sans aucune indemnité, les
rentes foncières et droits fonciers qui avoient
été librement et volontairement stipulés dans
des actes de concession ou de bail d'héritages,
de la part des preneurs envers les bailleurs anciens et légitimes propriétaires de ces héritages,
ont donc enfreint les droits sacrés et inviolables
de la propriété ; elles ont donc autorisé l'usurpation de la propriété d'autrui ; enfin elles ont
aboli des droits que la justice la plus impérieuse
forçoit de maintenir jusqu'au rachat. En d'autres
termes, ces lois iniques portées par des assemblées illégales, et composées d'hommes qui
vouloient bouleverser la société et renverser la
classe des privilégiés, qui étoit en même temps
celle des grands propriétaires, ont autorisé un
vol manifeste. Ce vol, la spoliation des légitimes propriétaires, qui en a été la suite, doivent-ils être maintenus ? L'injustice, pour avoir
existé pendant quelques années, doit-elle être
éternelle ? Et parce que les créanciers légitimes
des redevances foncières, qui doivent leur établissement à des concessions de fonds, ont été
privés du paiement de ces redevances pendant

la durée des diverses factions qui, tour à tour, ont usurpé le gouvernement en France, et que les débiteurs de mauvaise foi ont profité du bénéfice d'une loi injuste pour se soustraire à l'acquittement d'une dette légitime, faut-il que les premiers soient pour jamais dépouillés, et que les seconds continuent de jouir du fruit des lois spoliatrices ? Si les assemblées nationales qui ont voulu renverser la monarchie, n'ont pas craint, pour atteindre ce but, d'enfreindre le droit de propriété, l'autorité légitime pourroit-elle hésiter à réparer cette infraction ?

Sous quelque rapport qu'on examine cette question, *doit-on rétablir les redevances foncières mélangées de féodalité, qui ont pour cause une concession de fonds, et que les lois révolutionnaires ont supprimées sans indemnité ?* On ne voit pas ce qui pourroit être opposé au cri impérieux de la justice, à la voix de la raison, enfin aux conseils de la politique. Cependant on va examiner les conséquences de ce retour à la justice, après avoir montré toutefois que le rapport des lois des 28 août 1792 et 1793 pourroit être justifié par des exemples puisés dans les lois révolutionnaires elles-mêmes.

Il existoit dans la province de Bretagne une espèce de tenure, appelée *bail à convenant*, ou *domaine congéable*. On donnoit ce nom au contrat par lequel le propriétaire d'un immeuble, soit féodal, soit roturier, le concédoit pour un temps limité ou illimité, moyennant une redevance annuelle convenue, et sous la condition de pouvoir renvoyer le preneur, et reprendre l'immeuble, en remboursant les améliorations et constructions faites sur le fonds par le preneur ; telle est la définition que d'Argentré donne du domaine congéable (1), et elle a été suivie par tous les auteurs.

La redevance stipulée dans ce contrat étoit appelée *rente de convenans*, ou *rente convenancière* ; et quand l'héritage donné à rente étoit noble et féodal, la rente conservoit le caractère de noble et féodale, et se partageoit dans les successions comme les fiefs. (Coutume de Bretagne, art. 541).

Une loi de l'assemblée nationale, du 7 juin 1791, abolit dans ces tenures les droits qui pouvoient se rattacher à la féodalité, mais les redevances foncières furent expressément maintenues. L'article 1er de cette loi porte : « Les con» cessions ci-devant faites dans les départemens » du Finistère, du Morbihan et des Côtes du » Nord, par les propriétaires fonciers ou do» maniers, sous les titres de baux à convenant » ou domaine congéable, et de baillies ou re» nouvellement d'iceux, continueront d'être

____

(1) *Contractum hunc sic describunt, ut dicant esse concessionem certi prædii fruendi ad tempus certum aut incertum pro certo quapiam præstando in annos singulos ; sic ut post tempus cogi possit accipiens migrare, non ante quàm refusis impensis ædificiorum et meliorationum, quas accipiens fecit pro perpetuâ rei utilitate.* D'Argentré, sur l'art. 1249 de la Coutume de Bretagne.

» exécutés entre les parties qui ont contracté
» sous cette forme leurs représentans ou ayans
» cause , mais seulement sous les modifications
» et conditions ci-après exprimées , et ce non-
» obstant les usemens de Rohan , Cornouailles,
» Brouerec, Treguier et Gouello, et tous autres
» qui seroient contraires aux règles ci-après
» exprimées; lesquels usemens sont à cet effet et
» demeurent abolis, à compter du jour de la
» publication du présent décret. »

Les autres articles de la loi règlent, d'après
des principes assez justes, les droits des propriétaires fonciers contre les tenanciers, à l'exception des redevances de même nature que les
droits féodaux , qui auroient été stipulées dans
les contrats de concession, ou qui étoient dues
par les usages des lieux, redevances que l'art. 2
de la loi supprime sans indemnité.

Le 27 août 1792, l'assemblée nationale, en-
traînée par le même esprit de révolution et de
spoliation, qui l'avoit déterminée à rendre la loi
du 25 du même mois, abolit la tenure convenancière. Les motifs que l'assemblée donna de
cette abolition, furent « que la tenure connue
» dans les départemens du Morbihan, du Finis-
» tère et des Côtes du Nord, sous les noms de
» *convenant* et *domaine congéable*, participoit
» de la nature des fiefs, et qu'il étoit instant de
» faire jouir les domaniers de l'abolition du ré-
» gime féodal. »

En conséquence, l'assemblée nationale, dé

rogeant en tant que de besoin à la loi du 7 juin 1791, ordonna :

(Art. 1er.) « La tenure convenancière, ou à
» domaine congéable, est abolie ; les coutumes
» locales qui régissent cette tenure, sous le nom
» *d'usement*, sont abrogées : en conséquence,
» les ci-devant domaniers sont et demeurent
» propriétaires incommutables du fonds comme
» des édifices et superficies de leurs tenures. »

(Art. 2.) « Il ne sera fait à l'avenir aucune
» concession à pareil titre ; celles qui seroient
» faites ne vaudront que comme simples arren-
» temens. L'entière propriété des terres ainsi
» concédées appartiendra aux concessionnaires,
» avec la faculté perpétuelle de racheter les
» rentes. »

Il ne manquoit plus, pour rendre complète la spoliation des propriétaires fonciers, que d'a-bolir, sous prétexte de féodalité, la redevance foncière maintenue jusqu'au rachat. Ce dernier degré de la violation du droit de propriété fut franchi par la convention nationale : les débi-teurs des rentes convenancières prétendirent que ces rentes avoient été abolies par la loi du 17 juillet 1793, qui supprimoit sans indemnité les redevances seigneuriales et les droits féodaux même conservés par le décret du 25 août pré-cédent ; et cette prétention odieuse fut accueillie par un décret d'ordre du jour du 29 floréal an 2, ainsi conçu : « La Convention nationale,
» après avoir entendu le rapport de son comité

» de législation sur la question proposée par le
» tribunal du district de Pontrieux, département
» des Côtes du Nord, relativement aux rentes
» convenancières ;

» Considérant que, par l'article 1er de la loi
» du 17 juillet 1793 (vieux style), toute rede-
» vance ou rente entachée originairement de la
» plus légère marque de féodalité, est supprimée
» sans indemnité, quelle que soit sa dénomina-
» tion, quand même elle auroit été déclarée
» rachetable par les lois antérieures, et qu'ainsi
» il ne peut y avoir de conservées que les rentes
» convenancières qui ont été créées originaire-
» ment sans aucun mélange ni signe de féodalité,

» Déclare qu'il n'y a pas lieu à délibé-
» rer. »

Les propriétaires fonciers que ces lois révolutionnaires avoient scandaleusement spoliés pour
enrichir les tenanciers qu'on vouloit opposer à
la noblesse et aux propriétaires, formèrent,
quelques années après, des réclamations contre
ces lois.

Dès l'an 5, le corps législatif s'occupa de cet
acte de justice, qui trouva beaucoup d'oppo-
sans parmi les députés qui craignoient le retour
de l'autorité légitime, ou qui étoient entraînés
par les idées révolutionnaires. Tous étoient
forcés de reconnoître ce principe, qu'aucune
loi ne pouvoit dépouiller un individu de sa propriété, pour la transporter à un autre, et d'a-
vouer, dans le fait, que la suppression sans in-

demnité du bail à domaine congéable ; portoit atteinte à la justice distributive ; et c'est l'observation judicieuse que faisoit M. Tronchet en répondant dans la séance du conseil des anciens, du 9 brumaire an 6, aux argumens des députés qui s'opposoient au projet de loi dont il étoit le rapporteur : ces argumens consistoient à dire « qu'on ne pouvoit adopter la résolution sans » lui donner un effet rétroactif, sans annuler » tous les actes que les domaniers avoient pu » faire depuis le 27 août 1792, époque à laquelle » ils avoient été autorisés à disposer des biens » qu'ils tenoient à domaine congéable , comme » de chose à eux appartenante en toute pro- » priété ; qu'il ne convenoit pas à l'intérêt du » peuple de faire un pas rétrograde vers le ré- » gime féodal, car c'étoit ce régime que l'on » vouloit ramener sous le prétexte de rendre une » justice distributive (1).

A quoi M. Tronchet répondoit, qu'il suffisoit que les lois contre lesquelles les propriétaires fonciers réclamoient, les eussent dépouillés de leur propriété pour la transporter à d'autres, pour que le principe sacré , conservateur du droit de propriété, eût été violé, et pour qu'on ne pût rejeter la résolution tendante au rapport de ces lois, sans confirmer la spoliation des propriétaires qu'elles avoient ordonnée.

La justice triompha enfin de tous les obstacles que lui opposoient les prosélytes de la révolu-

____

(1) Voy. le *Moniteur* du 14 brumaire an 6 , séance du Conseil des Anciens du 9 du même mois, opinion du député Laboissière.

tion. La loi du 9 brumaire an 6 fit cesser la spoliation des propriétaires fonciers.

L'art. 1er porte : « Les décrets de l'assemblée
» législative, des 23 et 27 août 1792 (vieux
» style), sur la tenure convenancière ; celui du
» 29 floréal an 2, rédigé définitivement le 2
» prairial suivant, et toutes autres lois qui se-
» roient la suite de celle du 27 août 1792, sont
» abrogés. »

Art. 2. « Le décret rendu par l'assemblée cons-
» tituante les 30 mai, 1er et 6 juin 1791, sera
» exécuté selon sa forme et teneur : en consé-
» quence, tous les propriétaires fonciers de do-
» maines congéables sont maintenus dans la pro-
» priété de leurs tenures, conformément aux
» dispositions dudit décret. »

Et les tribunaux donnant à cette loi une interprétation favorable que l'équité avouoit, dé-
cidèrent qu'elle avoit implicitement excepté de
l'abolition les rentes convenancières créées avec
mélange de droits féodaux. C'est ce qui a été
formellement jugé par un arrêt de la cour de
cassation du 5 décembre 1808, au rapport de
M. Cassaigne. Cet arrêt a maintenu un jugement
du tribunal civil de Napoléonville, du 5 janvier
1808, lequel avoit condamné le nommé Lau-
rent à payer une rente créée par un acte notarié
du 22 janvier 1792, dans lequel le débiteur de
la rente, ou domanier, avoit reconnu être
vassal de François-Julien de Boissy, seigneur
de Rosily, Meros, Moréac-Dufou, Koreau, etc.;

tenir de lui et posséder une tenure à titre de domaine congéable ; lui devoir 36 sous, un renot de seigle et trois chapons de rente foncière et conveuancière : « Plus de chef-rente à la juris-
» diction de Moréac-Dufou, un boisseau de fro-
» ment, avec outre-corvée et obéissance à la cour
» et moulin de ladite seigneurie , ainsi que les
» autres hommes sujets, tenant terres à pareil
» titre, sont tenus faire à leurs seigneurs. »

La cour de cassation a donné pour motifs de son arrêt, « que la teneur à domaine congéable
» étant purement précaire, l'obligation insérée
» dans le bail, par laquelle le domanier est
» chargé de payer une rente, forme à l'instant
» même une portion de la rente convenancière ;
» et attendu que la loi distingue les rentes con-
» venancières des redevances ci-devant seigneu-
» riales, féodales et censuelles, et les maintient
» expressément. »

Ce fut ainsi que s'opéra en l'an 6 le retour à la justice pour les créanciers des rentes conve-nancières de Bretagne ; et le paiement de ces rentes dont se composoit le patrimoine de plus de vingt mille familles, paiement qui avoit cessé pen-dant plusieurs années , fut rétabli sans causer aucune commotion dans la province de Bretagne.

L'année précédente, en l'an 5 , un projet de loi avoit été présenté au corps législatif, à l'effet d'établir une distinction entre les rentes et pres-tations créées par des actes constitutifs ou reco-gnitifs de seigneurie, pour soustraire à la suppression celles qui étoient purement foncières : ce projet ne fut pas adopté, il est vrai, mais le fait seul de sa proposition, à cette époque, prouve l'évidence de sa justice.

En l'an 8, le gouvernement de Buonaparte le fit revivre, mais seulement pour les rentes foncières appartenant à la république. Voilà ce que le *Moniteur* nous a conservé de ce projet de loi.

« Regnier, conseiller d'Etat, a proposé au
» corps législatif, au nom du gouvernement, un
» projet de loi tendant à aliéner, dans le courant
» de l'année, les rentes foncières appartenantes
» à la république, après qu'il en aura été passé
» de nouvelles déclarations par les débiteurs,
» *pour dégager les contrats des clauses féodales*
» *qu'ils peuvent contenir.*

» La discussion de ce projet est fixée au 28. »

(Extrait du *Moniteur*, du 17 ventose an 8.)

On peut remarquer, en passant, que les conseillers d'Etat, qui présentèrent ce projet de loi, sont les mêmes qui, quelques années après, délibérèrent les avis du conseil d'Etat, qui ont donné une extension odieuse aux lois même révolutionnaires, et par lesquels l'abolition sans indemnité fut étendue à des rentes simplement foncières et nullement féodales.

L'intention du gouvernement, en proposant cette loi, étoit évidemment de rétablir le paiement des rentes foncières mélangées de féodalité, que les particuliers devoient au gouvernement;

et ces rentes s'élevoient alors, comme aujourd'hui, à des sommes considérables. Le projet ne parloit pas des rentes dues aux particuliers; mais il étoit naturel de penser que ce qui auroit été reconnu être un acte de justice envers le gouvernement, devroit, par des raisons d'équité, finir par être appliqué aux rentes dues à des particuliers ; et soit que le plus grand nombre des membres du corps législatif fussent personnellement intéressés à maintenir la suppression des rentes foncières mélangées de féodalité, soit qu'ils craiguissent d'élever contre eux la classe nombreuse des débiteurs de ces rentes, que le retour à la justice auroit mécontentés, soit enfin, et aussi que le corps législatif voulût conserver à l'Etat, dans un temps à venir, des ressources dans les rentes foncières dont le gouvernement proposoit l'aliénation, le projet de rétablissement des rentes foncières fut rejeté par le tribunat. C'est ce que nous apprend le *Moniteur* du 18 ventose an 8. « Dans la séance du 27, le tribunat » a rejeté le projet relatif aux rentes foncières, » à la majorité de cinquante-neuf voix contre » vingt-neuf.

» Les consuls ont retiré le projet de loi pré-» senté le 18, relativement aux rentes foncières » et à l'aliénation de celles qui sont dues par la » république. »

Les motifs qui déterminèrent en l'an 8 le gouvernement à proposer le rétablissement des rentes foncières mélangées de féodalité, dues à l'Etat par des particuliers , furent les besoins des finances. Les mêmes motifs existent aujourd'hui , et même ils existent avec plus de force, puisque la dette de l'Etat s'est considérablement accrue par les dépenses excessives du gouvernement de Buonaparte , et que la nation a été tellement accablée d'impôts, qu'au lieu d'en mettre de nouveaux , il devient indispensable d'en supprimer une partie. Le Roi se trouve donc dans la double et difficile nécessité , tout à la fois, de payer les nombreux créanciers de l'Etat, et de diminuer les impôts que Buonaparte avoit mis sur la nation pour les acquitter. Cette position pénible du Roi , relativement aux finances, exige qu'il ne néglige aucune créance , aucun droit appartenant à l'Etat : et quelle créance fut plus légitime jamais, quel droit fut plus sacré que celui qui a pour cause une concession de fonds? quel est le débiteur d'une rente foncière créée pour une concession primitive de fonds , abolie sans indemnité par les lois révolutionnaires, sous prétexte qu'elle étoit mélangée de signes réels , ou seulement apparens de féodalité , qui oseroit se plaindre ouvertement du rétablissement d'une rente du paiement de laquelle il n'a été affranchi que par des lois spoliatrices? l'opinion publique ne feroit-elle pas justice de prétentions aussi odieuses? Pourquoi, après tous les malheurs que la France a éprouvés, accabler d'impôts, et la classe déjà si foulée des propriétaires , et celle du peuple , pour payer les dettes de l'Etat, pendant que les détenteurs des biens concédés à la charge d'une redevance foncière ; dont ils étoient la représentation, continueront de posséder ces biens sans en acquitter le prix ?

Si les motifs qui ont déterminé Buonaparte, en l'an 8, à proposer le rétablissement des rentes foncières, mélangées de féodalité, dues à l'Etat par des particuliers, existent encore en ce moment ; si ces motifs sont même plus puissans, peut-on dire la même chose de ceux qui ont déterminé le rejet de ce projet ? Ces motifs, que tout le monde connoît, n'étoient pas, comme on le sent, puisés dans la justice et dans les principes de l'équité, mais uniquement des raisons tirées de la politique de ceux qui avoient usurpé l'autorité légitime, et dont toute la crainte étoit de voir renverser le gouvernement qu'ils avoient élevé sur les ruines de la monarchie. Ils redoutoient le retour de cette monarchie, que des factieux avoient détruite contre le consentement de la nation ; il falloit retenir, par l'intérêt personnel des propriétaires, et on pourroit dire des héritiers qu'avoit faits la révolution, la tendance générale au retour, d'abord, de l'autorité royale, et ensuite du Roi légitime. C'est par cette raison que, sous l'usurpation de Buonaparte, le gouvernement se montroit plus favorable aux acquéreurs de biens nationaux et de biens d'émigrés, à mesure qu'il détruisoit les institutions républicaines ; et que les mêmes hommes qui, en l'an 8, sous le gouvernement consulaire, proposèrent une loi pour rétablir les rentes foncières créées par des contrats féodaux, furent d'avis, en l'an 13, sous le gouvernement impérial, d'abolir sans indemnité, et par une extension odieuse, donnée par eux aux lois révolutionnaires, même les rentes foncières qui n'avoient que les apparences d'un mélange de féodalité, comme on le fera remarquer dans le chapitre IV ci-dessous. Toute la politique du gouvernement tendoit à balancer, par l'intérêt personnel du grand nombre d'individus qui avoient profité de la révolution, le désir de rétablir le gouvernement légitime, que faisoit naître dans tous les esprits la tyrannie odieuse de Buonaparte qui avoit remplacé la république.

Aujourd'hui ces craintes n'existent plus ; un gouvernement légitime n'a pas besoin, pour se maintenir et faire le bonheur de la nation, de violer les droits sacrés de la propriété, et de suivre les maximes d'un gouvernement usurpateur. Il faut oser le dire, l'Etat ne peut être tranquille qu'autant que la société sera replacée sur ses véritables, sur ses seules bases solides, la justice et le respect du droit de propriété. La révolution française ne s'est prolongée, pendant un si grand nombre d'années, et avec tous les malheurs qu'elle a entraînés à sa suite, que par l'adresse qu'avoient en les assemblées usurpatrices de l'autorité d'intéresser la plus nombreuse partie de la nation au soutien de leur ouvrage.

M. Cambacérès, dans la séance du Conseil d'Etat, du 15 ventose an 12, où on discutoit la question du rétablissement des rentes foncières, répondant aux argumens que les membres du Conseil, qui s'opposoient à ce que cette espèce de contrat fût rétabli, tiroient, en faveur de leur opinion, de la loi de l'Assemblée nationale, du 4 août 1789, qui avoit autorisé le rachat des rentes foncières, s'exprimoit ainsi :

« Pour juger la loi qu'on rappelle, et les
» résultats qu'elle a eus, il est nécessaire de re-
» monter à l'esprit qui l'a dictée.

» L'Assemblée constituante avoit à lutter contre
» la classe des privilégiés, qui étoit en même
» temps celle des grands propriétaires; elle l'a
» attaquée en attaquant la propriété d'où cette
» classe tiroit sa force, et, par ce même moyen,
» elle s'est attachée le tiers-état, qu'elle vouloit
» opposer aux privilégiés. Ce système a produit,
» entr'autres lois, celle qui permet le rachat des
» rentes foncières. »

Voilà le secret de toutes les lois révolutionnaires dans lesquelles le droit de propriété a été violé, ou, pour se servir des expressions de M. Cambacérès, dans la même discussion, dans lesquelles le droit de propriété a été sacrifié aux circonstances.

La politique du Roi, heureusement d'accord avec la justice, doit nécessairement être fondée sur un système contraire, autant toutefois que son exécution ne choquera pas les principes rigoureux de la justice distributive, et que les droits acquis de bonne foi seront respectés. Ce que les différentes Assemblées nationales et les diverses factions usurpatrices du gouvernement ont fait contre la justice et sans le consentement de la nation, pour rendre de plus en plus difficile le retour à l'autorité légitime, cette même autorité, heureusement rétablie, doit le défaire si elle veut que la révolution soit finie, et que ses traces disparoissent avec le temps. Tout ce que l'usurpation a fait de contraire à la justice, doit être détruit par l'autorité légitime. Plus on y réfléchira, et plus on sera convaincu que la justice distributive est l'âme de tous les gouvernemens; qu'elle est dans le monde moral ce que la gravité est dans le monde physique; c'est la force véritablement conservatrice des gouvernemens; leur durée est toujours proportionnée à leur respect pour la justice. Faut-il ajouter encore une observation? C'est en violant le droit de propriété, et en attaquant la propriété d'où la classe des privilégiés, qui étoit en même temps celle des grands propriétaires, tiroit sa force, que lois révolutionnaires ont attaché le tiers-état à la révolution; c'est par un système contraire que l'autorité légitime doit s'attacher cette classe que les lois révolutionnaires ont dépouillée. L'intérêt personnel, quoi qu'en disent les moralistes, est et sera toujours la force qui agit le plus constamment sur l'homme, et la véritable science du gouvernement sera, dans tous les temps, de faire en sorte que le sujet ou le citoyen d'un État ait un intérêt personnel à ce que le gouvernement de l'État soit conservé.

En examinant, d'après ces principes d'une saine politique, la question de la restitution des rentes foncières mélangées de féodalité, sa solution ne sauroit être ni douteuse, ni difficile. Qu'opposeroit-on à cette restitution que la justice réclame si impérieusement? la crainte de troubler une foule de familles qui, depuis un grand nombre d'années, se sont crues à jamais dégagées de l'obligation de payer une dette légitime? Le prétexte de donner naissance à des procès entre les débiteurs des rentes et leurs créanciers? la crainte d'exciter contre l'autorité légitime, des mécontens qui regretteroient le gouvernement de Buonaparte? Ces objections que font contre le rétablissement des rentes foncières des personnes même de bonne foi qui n'ont pas assez réfléchi sur les effets réels de ce rétablissement, ne sauroient se soutenir quand on les examine avec une plus sérieuse attention.

D'abord, la crainte de troubler une foule de familles qui s'étoient crues à jamais dégagées de payer les rentes foncières injustement supprimées. Mais, pourquoi ne pas voir qu'un nombre de familles égal à celui dans lesquelles on craint de porter le trouble par le rétablissement des rentes foncières, se réjouira de rentrer dans les biens dont elles avoient été dépouillées? Il y a autant de créanciers que de débiteurs, la loi qui dérange les calculs du débiteur qui a profité d'une mesure révolutionnaire pour se soustraire au paiement d'une dette légi-

time ; est regardée comme un bienfait par le
créancier dont elle accroît ou rétablit la fortune. Il reste à décider maintenant lequel doit
être plus favorable aux yeux du législateur, du
débiteur de la rente, qui ne l'a pas payée depuis
un grand nombre d'années, ou du créancier auquel on a fait ce vol à l'ombre d'une loi. Les
législateurs révolutionnaires n'ont pas craint de
troubler une foule de familles, en leur enlevant
tout ou partie de leur patrimoine, pour le donner à leurs débiteurs ; l'autorité légitime pourroit-
elle craindre de faire pour la justice ce que les
factions ont fait contre la justice ? seroit-ce le
premier exemple d'une loi injuste abrogée ou
rapportée ? Chez tous les peuples, et surtout à
toutes les époques où les gouvernemens légitimes
ont été détruits par des factions qui se sont em-
parées du pouvoir, ces factions ont fait des lois
injustes ; mais aussi, chez tous les peuples et à
toutes les époques, ces lois ont été abolies lors
du retour au gouvernement légitime. Il y a plus ;
les factions elles-mêmes ont quelquefois abrogé
ou modifié les lois qu'elles avoient faites dans le
trouble qui suit toujours la destruction d'un gouvernement ; et, pour ne pas prendre des exemples
ailleurs que dans notre législation révolutionnaire, tout le monde ne sait-il pas que les fa-
meuses lois des 5 et 12 brumaire, et 17 nivôse
an 2, sur les successions, avoient ordonné le
partage égal des successions, nonobstant toutes
lois, coutumes, testamens, et même pour les

successions ouvertes antérieurement à la publication de ces lois, et à compter du 14 août 1789;
qu'en exécution de l'effet rétroactif donné à ces
lois, toutes les successions ouvertes dans tout le
Royaume pendant plus de trois ans, furent par-
tagées également, et que, nonobstant ces partages, et la crainte de troubler l'immense quantité de familles que ces partages avoient rendu
propriétaires, la voix de la justice s'éleva si
haut, que l'effet rétroactif, odieusement donné
aux lois de brumaire et de nivose an 2, fut
rapporté définitivement par la loi du 3 vendémiaire an 4.

En l'an 6, le corps législatif ne craignit pas
de troubler, dans la province de Bretagne, plus
de vingt mille familles, en rétablissant, par la
loi du 9 brumaire an 6, qu'on a rapporté plus
haut, les rentes convenancières que les lois des
27 août et suivantes, avoient abolies sans indemnité.

Deux années après, en l'an 8, Buonaparte ne
craignit pas de troubler les familles des débiteurs
de rentes foncières mélangées de féodalité dues
à l'Etat, quand il proposa de les rétablir; et si la
France n'eût pas été délivrée de sa tyrannie, il
n'auroit pas été touché du trouble que le rétablissement de ces rentes auroit apporté dans la
fortune des débiteurs, lui qui étoit sur le point,
à l'époque de sa chute, de soumettre à un paiement de confirmation toutes les acquisitions des
biens nationaux et des biens des émigrés, et de

dépouiller, par une loi dont le projet a été dressé et discuté dans le conseil d'Etat, tous les propriétaires des îles et îlots formés dans les rivières navigables, en annulant toutes les aliénations et sous-aliénations qui en avoient été faites depuis l'ordonnance du domaine de 1566.

Ensuite, le prétexte de donner naissance à des procès entre les débiteurs des rentes et leurs créanciers; c'est un inconvénient commun à toutes les lois; toutes font naître des procès, cependant, sans elles, la société ne peut pas exister. Que diroit-on d'un législateur qui proposeroit d'abolir les lois qui répriment le vol, pour éviter les procès criminels qu'il faut faire aux voleurs pour acquérir la preuve de leurs délits?

Enfin, la crainte d'exciter contre l'autorité légitime, des mécontens qui regretteroient le gouvernement de Buonaparte : oui, mais il faut faire entrer en ligne de compte les sentimens d'amour et de reconnoissance pour le Roi, qu'exciteront dans le cœur des créanciers légitimes, le retour de la justice. Il faut aussi mettre dans la balance l'opinion de la masse, de la nation qui est directement sans intérêt au rétablissement des rentes foncières, mais qui n'est pas, mais qui ne peut jamais être sans intérêt dans tout acte de justice émané du gouvernement, parce qu'il lui importe directement que la justice dirige tous les actes de ceux qui gouvernent.

Une loi qui révoqueroit les décrets des 25 août 1792, et 17 juillet 1793, et rétabliroit les rentes foncières, mélangées de féodalité, de la manière et avec les modifications que la loi du 15 mars 1790 avoit apportées, c'est-à-dire en supprimant seulement les prestations féodales, et laissant subsister jusqu'au rachat les redevances foncières qui avoient pour cause une concession primitive de fonds, ou qui, d'après la jurisprudence, étoient, par leur nature, présumées de droit avoir cette cause jusqu'à la preuve contraire, ne feroit, pour rappeller encore une fois les expressions de l'Assemblée nationale elle-même, que manifester le vœu de la nation française, qui n'eût jamais la pensée d'enfreindre, en abolissant le régime féodal, les droits sacrés et inviolables de la propriété ; d'autoriser l'usurpation de la propriété d'autrui ; enfin de violer des droits que la justice la plus impérieuse forçoit de maintenir jusqu'au rachat.

Les obstacles qu'on affecte de voir dans cette loi, ne sont donc pas capables d'arrêter l'exécution de ce grand acte de justice ; mais on peut être frappé encore par trois considérations. On peut demander si le code civil autorise les rentes foncières ? quel doit être l'effet du rétablissement des rentes foncières à l'égard des tiers-détenteurs des immeubles anciennement grevés de rentes foncières ? enfin, combien d'années d'arrérages les débiteurs peuvent être obligés de payer ?

Le Code civil autorise-t-il le Contrat de bail à Rente foncière?

Si on ouvre le procès-verbal des discussions du code civil au conseil d'Etat, séance du 15 ventose an 12, on y voit que M. Cambacérès et plusieurs autres membres du conseil d'Etat, proposèrent de rétablir le contrat de rente foncière; mais qu'après une très-longue discussion le conseil d'Etat rejeta cette proposition; on est donc autorisé à penser que l'intention des auteurs du code civil n'a pas été de rétablir le contrat de rente foncière, tel que ce contrat existoit dans l'ancienne jurisprudence; cependant le code civil paroît autoriser implicitement le contrat de bail à rente foncière, par l'art. 530 qui dispose:

« Toute rente établie à perpétuité pour le prix » de la vente d'un immeuble, ou comme condi- » tion de la cession, à titre onéreux ou gratuit, » d'un fonds immobilier, est essentiellement ra- » chetable. »

» Il est néanmoins permis au créancier de » régler les clauses et conditions du rachat.

» Il lui est aussi permis de stipuler que la rente » ne pourra lui être remboursée qu'après un cer- » tain terme, lequel ne peut jamais excéder trente » ans : toute stipulation contraire est nulle. »

Cet article suppose clairement qu'il est libre à toute personne, qui aliène un héritage, de s'y réserver une rente perpétuelle, rachetable non-seulement lorsqu'il fait cette aliénation par contrat de vente, c'est-à-dire moyennant un prix déterminé en argent qui forme le capital de la rente, mais encore par une cession sans prix déterminé en argent, et sous la condition qu'une rente lui sera payée par l'acheteur jusqu'au rachat.

Or, céder un immeuble sans prix déterminé en argent, et sous la condition que l'acquéreur paiera une rente au vendeur, c'est bien évidemment faire ce qu'on appeloit dans l'ancienne jurisprudence, un *bail à rente.*

Mais toute rente qui est stipulée par un bail à rente n'est-elle pas, par cela seul, une rente foncière ? La stipulation de ces rentes est donc autorisée par le code civil.

Oui, on peut conclure de la disposition de l'art. 530 du code civil, que le bail à rente foncière est maintenu par le code civil; mais, ce qu'il n'est pas possible d'en conclure, c'est que la redevance qui est le produit de ce contrat, forme, à proprement parler, une *rente foncière;* c'est que cette redevance n'existe plus dans l'immeuble dont elle est le prix, qu'elle n'est plus une partie de cet immeuble, qu'elle n'est qu'une rente sur le particulier dans la propriété duquel cet immeuble a passé par le bail à rente, quoique avec une hypothèque spéciale sur cet immeuble, et par conséquent qu'elle est comprise dans la disposition de l'art. 529 du code civil, qui déclare *meubles, par la détermination de la loi, les rentes perpétuelles sur des particuliers;* c'est enfin que cette redevance manque du principal caractère des rentes foncières, qui étoit d'être irrachetables ; au lieu que le code civil n'autorise la stipulation par laquelle la faculté de rembourser est interdite au débiteur de la rente, qu'après un certain terme qui ne peut excéder trente ans.

En rétablissant les rentes foncières créées avant le code civil, ces rentes ne pourroient être soumises, pour les droits des créanciers et des débiteurs, qu'à la jurisprudence observée dans le temps où elles ont été créées, ce qui produiroit l'inconvénient de perpétuer, au moins jusqu'au rachat de ces rentes, que la loi du 4 août 1789 a autorisé, les rentes foncières que le code civil n'a pas maintenues. Ces inconvéniens seroient bien peu de chose, et devroient céder à la justice qui est due aux légitimes propriétaires ; d'ailleurs, pourquoi ne rétabliroit-on pas dans toute son étendue le contrat de bail à rente foncière ? Les motifs qui ont déterminé le conseil d'Etat de Buonaparte, en l'an 12, à rejeter la proposition qui étoit faite par les plus célèbres jurisconsultes du conseil, de rétablir ce contrat, sont-ils sans réplique ? Il est au moins permis d'en douter. Et les raisons politiques qu'on opposoit alors au rétablissement du bail à rente foncière, ne sauroient être admises aujourd'hui.

Quel devroit être l'effet du rétablissement des Rentes foncières, à l'égard des détenteurs actuels des immeubles aliénés à la charge d'une Rente foncière ?

ON a déjà fait observer que, dans notre ancienne jurisprudence., la rente foncière ; créée pour le prix de la concession d'un fonds, étoit considérée comme formant une partie du fonds concédé : il y a plus; elle étoit considérée comme un immeuble dans les mains du créancier de la rente, et susceptible d'être hypothéquée comme un immeuble réel ; et sous le régime des hypothèques, établi par l'édit du mois de juin 1771, les lettres de ratification obtenues et scellées sans opposition, n'avoient pas l'effet de purger les rentes foncières (1), parce que ces rentes étoient réputées former une partie du fonds même sur lequel elles étoient assises, et que le créancier étoit censé être resté propriétaire de ce fonds même jusqu'à concurrence de la valeur de la rente.

Mais la nature des rentes foncières a été changée d'abord par les lois de l'Assemblée nationale, qui ont déclaré ces rentes rachetables, ensuite par la loi du 11 brumaire an 7, sur le nouveau régime hypothécaire, qui décida *qu'à l'avenir* les rentes foncières ne pourroient être frappées d'hypothèques, ce qui étoit les déclarer simples créances mobiliaires ; et le code civil a confirmé cette mobilisation par les articles 529, 730 et 2118.

Si les anciennes rentes foncières sont devenues de simples créances mobiliaires, affectées sur la propriété d'autrui, comme le prix de la vente

____

(1) C'est ce qui a été décidé par plusieurs arrêts de la Cour de Cassation, et notamment par les arrêts des 12 pluviose an 11 et 16 juin 1811.

ou de la concession primitive des fonds, il s'ensuit que pour conserver le privilége ou l'hypothèque privilégiée attribuée à la créance des bailleurs des fonds, le créancier est assujéti aux formalités prescrites par les lois actuelles sur les hypothèques pour la conservation d'un tel privilége, c'est-à-dire à la formalité de l'inscription au bureau des hypothèques. A défaut de cette inscription, les créanciers de ces rentes se trouvent dans la classe de tous les créanciers qui, ayant d'anciennes hypothèques acquises sur des héritages, ne les ont pas fait inscrire en temps utile. En cas de concours avec d'autres créanciers, ils se trouvent primés par ceux qui se sont fait inscrire. En cas d'aliénation de ces héritages, si les acquéreurs font transcrire leur contrat, sans qu'il soit requis en temps utile aucune inscription de rente foncière, ils sont bien fondés à soutenir que l'héritage est purgé et affranchi de la rente foncière qui avoit été originairement établie. C'est ce qui a été décidé par plusieurs arrêts des cours d'appel, qui sont rapportés dans tous les recueils de jurisprudence. (Voyez deux arrêts de la cour d'appel de Nîmes ; le premier à la date du 2 ventose an 12, entre Philippe Fayole et autres ; et le second à la date du 23 frimaire an 14, entre Jean Blanc et Rouvière ; un arrêt de la cour d'appel de Poitiers, du 2 pluviose an 13, entre les sieurs *Desminières et Gedu*, et un arrêt de la cour d'appel de Montpellier, du 23 frimaire an 14.)

D'après les principes consacrés par ces arrêts, il paroît difficile que le rétablissement des rentes foncières, mélangées de féodalité, puisse, sans avoir un effet rétroactif sur des droits légitimement acquis à des tiers de bonne foi, être opposé aux détenteurs des fonds originairement grevés de ces rentes foncières, et qui les ont acquis de bonne foi par des contrats à titre onéreux, depuis l'abolition de ces rentes, ou aux créanciers hypothécaires légitimes sur ces immeubles. Le créancier de la rente foncière ne peut être rétabli qu'en conservant les droits des tiers de bonne foi, qui ont dû croire, au temps où ils contractoient, que les immeubles dont ils faisoient l'acquisition, ou sur lesquels on leur conféroit des droits hypothécaires, étoient entièrement libérés de la rente foncière qui avoit originairement affecté l'immeuble. Ce n'est pas toutefois que la rigueur du droit ne pût autoriser une décision contraire; car l'immeuble affecté au service d'une rente foncière étoit, dans les mains du concessionnaire, soumis à une condition résolutoire, et il n'a pu céder à un autre plus de droit sur cet immeuble qu'il n'en avoit lui-même.

Un arrêt de la cour de cassation, du 16 juin 1811, en se fondant sur ce principe, a décidé que le bailleur d'un héritage à locatairie perpétuelle, qui rentroit en possession de l'héritage, à défaut de paiement de la rente, le reprenoit franc et quitte des hypothèques que le preneur avoit données sur cet héritage.

Des arrérages dus des Rentes foncières mélangées de féodalité.

DANS l'ancienne jurisprudence, les arrérages des rentes constituées se prescrivoient par cinq années, c'est-à-dire que le créancier d'une rente constituée ne pouvoit en réclamer que les arrérages de cinq ans. (Ordonnance de 1512, art. 71.) Il en étoit autrement des arrérages des rentes foncières : ils ne se prescrivoient que par trente ans. La loi du 20 août 1792 a assimilé les arrérages des rentes foncières à ceux des rentes constituées quant à la prescription. Par l'art. 1, tit. 3, il a été disposé que « les arrérages à échoir de » cens, redevances, même de rentes foncières, » ci-devant perpétuelles, se prescriront à l'avenir » *par cinq ans*, à compter de la publication du » présent décret, s'ils n'ont été conservés par la » reconnoissance du redevable, ou par des pour-» suites judiciaires. »

Les débiteurs des rentes foncières mélangées de féodalité, contre lesquels on demanderoit le paiement de ces rentes, ne manqueroient pas d'invoquer cette loi pour soutenir qu'ils ne peuvent être obligés à payer plus de cinq années d'arré-rages de ces rentes, et de faire valoir le principe de droit qui déclare que le possesseur de bonne foi fait les fruits siens.

Les créanciers pourroient répondre que, s'ils n'ont pas réclamé le paiement de leurs rentes, c'est uniquement parce que la jurisprudence leur dénioit toute justice ; parce qu'ils étoient, par le fait, dans l'impossibilité d'agir, et que, d'après la maxime vulgaire, *contrà non valentem agere nulla currit præscriptio*, on ne pourroit leur opposer aucune prescription. Enfin, on pourroit soutenir que les débiteurs des rentes ne peuvent être assimilés à des possesseurs de bonne foi. En soumettant les débiteurs à payer seulement cinq années d'arrérages, ce moyen terme paroîtroit concilier tous les intérêts.

On a raisonné jusqu'à présent dans la supposition où les lois des 25 août 1792 et 17 juillet 1793 seroient abrogées ou rapportées ; mais si l'intérêt public s'opposoit à ce grand acte de justice, il seroit intéressant de connoître la jurisprudence de la cour de cassation et du conseil d'Etat de Buonaparte sur ces lois. Ce sera le sujet du chapitre suivant.

CHAPITRE IV.

De la jurisprudence de la Cour de Cassation et du Conseil d'Etat sur les Rentes et autres Redevances foncières mélangées de féodalité.

———

On a fait voir dans le chapitre précédent, les diverses acceptions données au mot *cens*. On a vu que le cens *seigneurial* avoit des caractères certains auxquels on pouvoit le distinguer des autres cens, et particulièrement du cens foncier. On a vu que pour qu'un cens, ou, ce qui est là même chose, une rente foncière fût *seigneuriale*, et en partageât les prérogatives, deux conditions étoient absolument requises : la première, que cette rente fût due au seigneur de l'héritage ; la seconde, qu'elle fût la première imposée sur ce même héritage. Si la première de ces deux conditions manquoit, la rente n'étoit pas, ne pouvoit jamais être une rente seigneuriale, mais seulement une rente foncière, et la jurisprudence féodale n'avoit pas de principe plus certain, plus invariable.

Parmi les nombreuses autorités qu'on pourroit rapporter, il suffit de citer celle de deux célèbres jurisconsultes les plus versés dans les matières féodales.

Ecoutons d'abord le savant Bacquet :

« Par ce qui a été dit ci-dessus, on peut con-
» noître qu'il n'y a que le seigneur *féodal*, di-

» reel et foncier, qui puisse bailler l'héritage à
» cens, portant directe seigneurie et profits de
» lods, ventes, saisines et amendes, et qui, pri-
» mordialement et originairement, puisse créer
» censive; en sorte que pour créer censive, ou
» bien pour avoir droit de cens tel que dessus, .
» est besoin que l'héritage ait été baillé par un
» *seigneur de fief*, lequel de son domaine muable,
» en ait fait un immuable, et que l'héritage
» baillé à censive ait été noble et *féodal* pour le
» regard du bailleur, et fait roturier pour le
» regard du preneur. » (Bacquet, *des Droits de
francs-fiefs*, 1re partie, chap. 2, num. 11.)

Une autre autorité non moins grave que celle
de Bacquet, est l'autorité d'un grand jurisconsulte moderne, et aujourd'hui revêtu de l'une des
plus hautes dignités de la magistrature (1), dans ses
Dissertations féodales, *verb.* Alleu, § 9. Voilà
ses termes : « Nous pensons que le propriétaire
» d'un *alleu* roturier ne peut l'inféoder, ni l'a-
» censer; il y en a une infinité de raisons : la
» principale, c'est que l'on ne peut donner en
» fief ou à cens que des héritages nobles; c'est
» que, pour pouvoir communiquer ou se réser-
» ver la puissance féodale, il faut l'avoir, il faut
» en être investi; enfin, c'est que les fiefs sont
» des dignités réelles, et que le Roi, ou ceux
» qui en ont reçu le pouvoir de lui, peuvent
» seuls conférer des dignités.

---

(1) M. le baron Henrion de Pensey, conseiller d'État, président de la cour de cassation.

» Un fief est un héritage, dans lequel la pro-
» priété est unie à la puissance publique.

» C'est cette puissance publique, ajoutée à la
» propriété, qui faisoit dire à Dumoulin : *Feuda
» prærogatam habent dignitatem et auctorita-
» tem, propter jura et commoda dominicalia,
» quæ perpetuò secum trahunt, et jurisdictio-
» nem etiam contentiosam.* » (Préface du titre
des Fiefs, n°. 1.)

La conséquence de ces principes, est que
toute rente établie pour le prix de l'aliénation
d'un immeuble par un particulier qui n'étoit pas
réellement seigneur féodal de l'immeuble aliéné,
n'étoit et ne pouvoit jamais être qu'une rente
purement foncière et non féodale.

Ce seroit inutilement que le bailleur non seigneur auroit ajouté à la rente foncière, des caractères de seigneurie et de féodalité ; qu'il auroit pris même dans le contrat d'aliénation la
qualité de seigneur féodal : la vérité venant à
paroître, la rente auroit toujours été une simple
rente foncière ; et, par une conséquence nécessaire, une rente de cette nature n'auroit pas été
abolie sans indemnité, ni par la loi du 25 août
1792, ni par celle du 17 juillet 1793 ; et c'est
aussi ce que la cour de cassation a solennellement jugé par un grand nombre d'arrêts qui
ont fait la plus juste application et des maximes
les plus constantes de la jurisprudence féodale,
et des lois des 25 août 1792 et 17 juillet 1793.

On va retracer sommairement quelques-uns

de ces nombreux arrêts, en suivant l'ordre de leur date.

Premier arrêt.—Avant l'année 1789, Calloet-Canidy, seigneur de Kéralion, avoit concédé à Lebeuzit un bien situé à Garsan-Bhorec, dans la mouvance de la terre de Guingamp, qui faisoit partie du duché de Penthièvre ; et il avoit été stipulé, 1°. que Lebeuzit tiendroit ce bien à titre de *bail à domaine congéable* ; 2°. qu'il en paieroit chaque année à Calloet-Canidy une rente convenancière ; 3°. que pour raison de ce domaine, il seroit assujéti à la justice et à la banalité du moulin de Keralion. Le décret d'ordre du jour du 29 floréal an 2, ayant déclaré abolies sans indemnité, par la loi du 17 juillet 1793, les rentes convenancières, dans la constitution desquelles il s'étoit glissé quelques mélanges ou signes de féodalité, Lebeuzit cessa d'acquitter sa redevance ; et cet état de choses dura jusqu'à la publication de la loi du 9 brumaire an 6, qui abrogea le décret du 29 floréal an 2, ainsi que la loi du 27 août 1792, et remit en vigueur la loi du 6 août 1791, concernant les domaines congéables. Calloet demanda alors que Lebeuzit fût condamné, non-seulement à lui payer sa rente à l'avenir, mais encore à en acquitter les arrérages échus depuis quatre ans. Nulle difficulté sur le premier chef de cette demande : la loi du 9 brumaire an 6, prononçoit nettement en faveur de Calloet ; mais Lebeuzit soutint ne devoir pas les arrérages échus avant la loi du 9 brumaire an 6, parce que la rente convenancière dont il s'agissoit étoit seigneuriale, et que le décret du 29 floréal an 2, avoit dû être exécuté jusqu'à son abrogation. Calloet répondit que n'étant pas seigneur direct du domaine de Garsan-Bhorec, il n'avoit pas pu, par les stipulations insérées dans son bail, rendre seigneuriale la rente représentative de la jouissance de ce domaine.

La contestation portée par appel au tribunal civil du département des Côtes-du-Nord, jugement du 3 prairial an 7, qui, sur le fondement que Calloet, en exigeant de Lebeuzit une soumission à sa justice et à sa banalité, avoit trompé sa bonne foi, décharge celui-ci des quatre années d'arrérages ; mais sur la demande en cassation, de Calloet, jugement du tribunal de cassation du 4 ventose an 9, au rapport de M. Babille, qui, « vu l'art. 12 de la loi du
» 27 août 1792, et attendu qu'il résulte du ju-
» gement attaqué, que la rente dont il s'agit
» étoit purement foncière ; puisque ; malgré la
» soumission au moulin et à la jurisdiction du
» ci-devant fief de Keralion, ce jugement dé-
» clare que le domaine, grévé de cette rede-
» vance, n'en est pas moins demeuré dans la
» mouvance de Guingamp, membre du ci-devant
» duché de Penthièvre ;... casse et annulle le juge-
» ment rendu le 3 prairial an 7, par le tribunal
» civil du département des Côtes-du-Nord. (1) »

____

(1) Cet arrêt et les deux suivans sont rapportés dans les Questions de Droit de M. Merlin, seconde édition; verb. *rente foncière, rente seigneuriale*, S. 13.

Second arrêt. — *Pierre Laxaque*, se quali-
fiant d'*écuyer* de la commune de La Quinge, département des Basses-Pyrénées, avoit arrenté
un moulin, par acte notarié du 8 mars 1774.

Le contrat d'arrentement ne parla point de
droit de haute et moyenne justice; le pays de
Soules n'avoit que des seigneurs féodaux; mais
le moulin fut concédé sous la redevance annuelle
de seize conques de *froment*, *de fief*, et sous la
réserve du *retrait féodal.*

Le débiteur de cette rente prétendit qu'elle
étoit entachée de féodalité, et par conséquent
abolie sans indemnité.

Le 25 ventose an 9, jugement du tribunal
des Basses-Pyrénées, qui décide que la rente
est purement foncière, et condamne le débiteur
à la payer.

Celui-ci demande la cassation de ce jugement;
mais, par arrêt du 4 vendémiaire an 10, au
rapport de M. le conseiller Chasle, son pourvoi
est rejeté par les motifs qu'on va transcrire :

« Attendu, 1°. qu'il a été déclaré constant en
» fait, tant par le jugement attaqué, que par
» celui de première instance, que Pierre Laxaque,
» qui a consenti le bail notarié du 8 mars 1774,
» n'étoit pas seigneur de la commune de La-
» Quinge, lieu de la situation du moulin et dé-
» pendances par lui donnés à rente, et que ses
» adversaires n'ont ni articulé ni posé en fait,
» qu'il y ait aucune seigneurie ou fief dans ladite
» commune, ni sur les objets par lui arrentés;

» d'où il suit qu'il n'a pu se constituer qu'une
» rente foncière, et que, par les mots *froment*
» *de fief*, établis audit bail à rente, les parties
» n'ont probablement entendu, l'une recevoir
» et les autres payer, que du froment de la
» même qualité que celui qu'on emploie dans
» le pays à l'acquittement des rentes féodales ;
» 2°. que s'il étoit vrai que par les expressions
» *froment de fief*, Laxaque, d'ailleurs, eût en-
» tendu se créer une rente féodale, cette qualité
» de féodalité auroit été nulle et de nul effet,
» même selon les anciens principes, puisqu'alors
» il n'appartenoit qu'aux seigneurs et possesseurs
» de fief de se constituer des rentes féodales sur
» les domaines dépendans de leurs fiefs ; qu'ainsi,
» la rente dont il s'agit n'a pu être considérée
» que comme pure foncière ;..... et qu'en cette
» qualité, elle se trouvoit exceptée de la sup-
» pression ordonnée par les lois d'août 1792 et
» juillet 1793, etc. »

Troisième arrêt. Le 19 novembre 1728,
Simon Benoît, auteur de la dame Dromard,
donne, à titre de cens et rente foncière, aux
auteurs du sieur Roux, cent trente-six ouvrées
de vignes, situées tant à Santenay qu'à Cheilly,
moyennant la redevance annuelle de neuf
queues ou trente-six feuillettes de vin envais-
selées en tonneaux neufs, une mesure de len-
tilles, une poule et trois deniers ; le tout de rente
et cens portant lods, retenues, remuages, et
tous autres droits censaux.

Postérieurement à la loi du 17 juillet 1793,
les débiteurs de cette redevance en refusèrent
la prestation, sur le motif que portant lods,
retenues, etc., elle se trouvoit entachée de féodalité, et dès-lors supprimée sans indemnité par
la loi qu'ils invoquoient.

Sur la demande en paiement de cette redevance, formée par les successeurs du bailleur,
il intervint, le 19 thermidor an 9, un jugement du tribunal d'appel de Dijon, qui, en confirmant un jugement rendu en première instance
par le tribunal civil du département de la Côte-
d'Or, du 18 ventose an 8, condamna le sieur
Roux, l'un des héritiers du preneur, à continuer
le paiement de la redevance.

Celui-ci s'est pourvu en cassation ; mais par
arrêt de cette cour, en date du 29 thermidor
an 10, au rapport de M. le conseiller Gandon,
et sur les conclusions conformes de M. Merlin,
le pourvoi a été rejeté, « attendu que le tribunal
» d'appel, séant à Dijon, a jugé en fait que,
» conformément à ce qui est énoncé au bail à
» rente du 19 novembre 1728, les héritages
» étoient tenus en censive par Simon Benoit,
» bailleur à rente par ledit acte ; que dès-lors il
» étoit impossible que Simon Benoit possédât
» les mêmes héritages comme parties intégrantes
» d'un fief dont il fût propriétaire ; qu'il n'est
» pas prouvé que Simon Benoit fût propriétaire
» d'aucun fief, et qu'il n'est pas même allégué
» que les héritages concédés fissent partie du

» domaine d'un fief qui lui appartînt ; *que le*
» *faux emploi*, dans l'acte de 1728, *de quelques*
» *mots appartenans à la féodalité, ne peut pas*
» *rendre féodale une concession qui ne pouvoit*
» *être telle*, et qui est d'ailleurs caractérisée par
» l'acte de *bail à rente foncière ;* qu'en jugeant
» ainsi, le tribunal de Dijon, loin de contrevenir
» à la loi du 17 juillet 1793, s'est conformé aux
» termes et à l'esprit de cette loi. »

. Les trois arrêts qu'on vient de retracer ont,
comme l'on voit, formellement jugé que la loi du
17 juillet 1793 n'avoit pas aboli les redevances de
concessions de fonds, qui, par les actes de concession même, avoient été qualifiées de seigneuriales ; mais qui, dans la réalité, n'avoient reçu
par ces actes aucun caractère féodal.

Aussi M. le procureur-général Merlin, qui
rappeloit ces arrêts à l'audience de la cour de cassation du 19 nivose an 12, dans l'affaire du sieur
Lartigues contre les hospices de la commune de
Dax, se fondoit-il sur cette jurisprudence constante de la cour pour poser en principe « que
» ce n'étoit point par les dénominations em-
» ployées dans l'acte de concession d'un franc-
» alleu roturier, que l'on devoit déterminer la
» nature de la prestation réservée par cet acte ;
» et que, si par cet acte le propriétaire n'avoit
» point fait un bail à cens seigneurial proprement
» dit, la prestation qu'il s'étoit réservée ne devoit
» pas être considérée comme féodale, mais
» comme purement foncière, conséquemment

» comme maintenue par la loi du 17 juillet
» 1793 ;

» Qu'avant l'abolition du régime féodal, le
» propriétaire d'un franc-alleu roturier ne pou-
» voit le concéder ni en *fief* ni à *cens féodal;*

» Et par une conséquence nécessaire, si, de
» fait, ce propriétaire a concédé son bien en
» fief ou à cens seigneurial, il ne l'a réellement
» inféodé ni accensé; et, par une conséquence
» ultérieure, la rente seigneuriale qu'il s'est
» réservée n'a pas été abolie par la loi du 17
» juillet 1793. »

Et conformément aux conclusions de M. le
procureur-général, la cour rejeta le pourvoi
que le sieur Lartigues avoit formé contre un
arrêt du tribunal d'appel de Pau, du 11 pluviose
an 11, « attendu que la loi du 17 juillet 1793
» n'anéantit que les prestations établies par titres
» et redevances seigneuriales; attendu qu'il
» résulte des faits et des circonstances de l'affaire,
» que les rentes dont il est question n'ont pas pu
» être légalement constituées féodales. » (*Voyez*
les *Questions de Droit*, de M. Merlin, 2e. édit.,
verb. *Rente foncière* et *Rente seigneuriale*,
§. 14, num. 1.)

La cour de cassation est allée encore plus
loin; elle a décidé, par plusieurs autres arrêts,
et notamment par le célèbre arrêt sur les redevances appelées *percières* dans le ressort de la
coutume d'Auvergne, du 21 vendémiaire an 13,

et sur les conclusions de M. Merlin (1), qu'une rente foncière avec réserve de la seigneurie directe dans les coutumes allodiales, n'est pas de plein droit réputée féodale, par cela seul qu'elle est due au seigneur du lieu de la situation de l'immeuble, et que le débiteur n'est pas dispensé de rapporter la preuve que la rente est féodale.

. Telle a été, pendant plusieurs années, la jurisprudence de la cour de cassation, et on peut dire de toutes les cours du Royaume sur les rentes foncières qui contenoient des signes de féodalité, mais dont les bailleurs n'étoient pas réellement seigneurs féodaux des immeubles donnés à rente foncière. Comment une jurisprudence aussi universelle, aussi constante, aussi conforme à la justice et à toutes les règles de la matière, a-t-elle été abolie ? Comment la cour de cassation a-t-elle été dans la nécessité de rendre une foule d'arrêts dans un sens directement contraire à ceux qui viennent d'être retracés ?

Il ne faut attribuer cette dernière et odieuse jurisprudence, qui n'étoit qu'une violation manifeste du droit sacré de propriété, enfin, qu'une extension arbitraire et tyrannique des lois déjà si révoltantes qui avoient aboli les rentes foncières mélangées de féodalité, qu'à l'abus du pouvoir despotique de Buonaparte et de son conseil d'Etat.

On saura peut-être un jour quelles ont été les véritables raisons des avis du conseil d'Etat,

____

(1) Cet arrêt est rapporté ci-dessous.

dont on va rappeler la série; on saura peut-être comment des conseillers d'Etat qui avoient eux-mêmes proposé sous le gouvernement consulaire le rétablissement des rentes foncières mélangées de féodalité qui étoient dues à l'Etat, parvinrent à faire signer à Buonaparte, sous la forme d'*Avis du Conseil d'Etat*, des véritables lois spoliatrices des droits les plus légitimes; on saura pourquoi les tribunaux, dont les membres étoient les serviles exécuteurs des volontés de Buonaparte, se sont conformés à ces lois.

Mais on ne peut s'empêcher de remarquer que c'est surtout dans cette matière que l'on voit la vérité de ce que dit le président de Montesquieu sur le vice de la législation des rescripts, c'est-à-dire, des réponses données par les empereurs romains sur les différends entre particuliers qui les consultoient.

« On sent que c'est une mavaise sorte de légis-
» lation. Ceux qui demandent ainsi des lois sont
» de mauvais guides pour le législateur; les faits
» sont toujours mal exposés. Trajan, dit Jules-
» Capitolien, refusa souvent de donner ces sortes
» de rescripts, afin qu'on n'étendît pas à tous
» les cas une décision, et souvent une faveur
» particulière. Macrin avoit résolu d'abolir tous
» ces rescripts : il ne pouvoit souffrir qu'on
» regardât comme des lois les réponses de Com-
» mode, de Caracalla, et de tous ces autres
» princes pleins d'impéritie. » (*Espr. des Lois*,
liv. XXIX, chap. 17.)

Si les rescripts donnés par le conseil d'Etat

de Buonaparte sur les rentes foncières mélangées de féodalité ne sont pas pleins d'impéritie, on ne sauroit ne pas reconnoître qu'ils sont au moins pleins d'injustice; et les conseillers d'Etat, dont ils sont l'ouvrage, sont trop éclairés pour qu'on puisse leur faire l'honneur de croire que cette injustice n'est due qu'à leur ignorance.

Le premier avis du conseil d'Etat qui a commencé à ébranler la jurisprudence de la cour de cassation, est à la date du 3o pluviose an 11.

Il est donné d'après le renvoi du gouvernement, et sur le rapport de la section de législation : il porte que le conseil d'Etat « est d'avis » que toutes prestations, de quelque nature » qu'elles puissent être, établies par des titres » constitutifs de redevances seigneuriales et des » droits supprimés par le décret du 17 juillet » 1793, ont été pareillement supprimées; et » que l'on ne pourroit admettre les demandes » en paiement de ces prestations, sans changer » la législation. »

Il est à remarquer que cet avis ne fut pas revêtu de l'approbation de Buonaparte, sans laquelle il ne pouvoit avoir aucune autorité; cependant il a toujours été invoqué par les tribunaux, et rappelé par le conseil d'Etat dans les avis postérieurs.

Le second avis du conseil d'Etat est celui du 13 messidor an 13; voici à quelle occasion il fut rendu.

En 1709, les officiers municipaux d'Arbois,

en Franche-Comté, avoient concédé à plusieurs particuliers, différens terrains appartenans à cette ville, « à la charge d'un cens portant lods, » lois, amendes, retenue et seigneurie. »

Ce cens avoit été acquitté jusqu'à la loi du 17 juillet 1793 ; mais alors les débiteurs du cens prétendirent qu'il étoit féodal, et, comme tel, aboli sans indemnité.

La commune d'Arbois répondoit que si dans les contrats d'acensement de 1709, les officiers municipaux d'Arbois s'étoient réservé un cens portant lods, lois, amendes, retenue et seigneurie, cette réserve ne pouvoit pas rendre féodaux les fonds qui étoient en roture, parce qu'il n'appartenoit qu'aux seigneurs possesseurs de fiefs, de se constituer des rentes féodales sur les domaines et dépendances de leurs fiefs ; d'où il suivoit que la rente ou redevance dont il s'agissoit, ne pouvoit être considérée que comme pure foncière.

Le ministre des finances présenta à Buonaparte un projet de décret, tendant à déclarer ces redevances maintenues, les individus au profit desquels les titres d'acensement avoient été consentis, ayant mal à propos pris la qualité de seigneurs.

Le rapport du ministre des finances, et le projet de décret, furent renvoyés par Buonaparte au conseil d'Etat pour donner son avis, qui est ainsi conçu :

« Considérant que lorsque le titre de la re-

» devance *ne présente aucune ambiguité*, celui
» auquel ce titre est opposé, ne peut pas être
» admis à soutenir qu'il n'avoit pas de seigneurie;
    » Considérant que toutes les dispositions législ-
» latives, et, en dernier lieu, l'avis du conseil
» d'Etat, du 3o pluviose an 11, ont consacré
» la suppression de toutes prestations, de quelque
» nature qu'elles puissent être, établies par des
» titres constitutifs de redevances seigneuriales
» et droits féodaux supprimés par le décret du
» 17 juillet 1793 ;
    » Est d'avis qu'il n'y a pas lieu d'adopter le
» projet présenté par le ministre. »

Cet avis du conseil d'Etat a été approuvé
par Buonaparte, et cette approbation lui a
donné, suivant les idées adoptées sous le gouvernement impérial, toute l'autorité d'une loi.

A cet avis du conseil d'Etat, du 13 messidor
an 13, a succédé le fameux décret impérial,
qui supprime sans indemnité, des redevances
provenant de concessions faites à titre féodal,
par une abbaye de Dijon.

Ce décret qui a été donné le 23 avril 1807,
au camp impérial de Finckenstein, est ainsi
conçu :

« Napoléon, etc. Sur le rapport de notre mi-
» nistre des finances, expositif, qu'il étoit dû
» aux religieux de la ci-devant abbaye de Saint-
» Bénigne de Dijon, diverses redevances, pro-
» venant de concessions faites par eux, de ter-
» rains plantés en vignes ; que ces concessions

» ont été faites à titre de *cens annuel et perpé-*
» *tuel, emportant lods et ventes, retenues, et*
» *tous autres droits censaux et seigneuriaux,*
» quoique l'abbaye de Saint-Bénigne ne possédât
» pas lesdits terrains à titre de fiefs, et qu'elle n'y
» eût aucun droit de seigneurie; que les préposés
» de l'administration des domaines, qui repré-
» sentent lesdits religieux, ont réclamé, entr'autres
» des héritiers Philippon, le paiement des arré-
» rages de ces redevances; que lesdits héritiers
» Philippon, sans contester la rente en elle-
» même, ont demandé seulement une réduction :
» sur quoi l'administration des domaines a cru
» devoir en référer au ministre, d'après le motif
» que l'avis de notre conseil d'Etat, du 13 mes-
» sidor, approuvé par nous, a décidé que,
» lorsque le titre constitutif de la redevance ne
» présentoit aucune ambiguité, celui auquel ce
» titre est opposé ne pouvoit pas être admis à
» soutenir qu'il n'avoit pas de seigneurie.

» Vu les lois relatives à la suppression des
» droits féodaux, et l'avis du 13 messidor
» an 13, approuvé par nous; ensemble les
» observations du conseiller d'Etat, directeur
» général de l'administration des domaines et
» de l'enregistrement, et les pièces y jointes;

» Considérant que les redevances dont il
» s'agit, sont entachées de féodalité, par leur
» mélange avec les droits de lods et ventes, et
» autres supprimés par les lois;

» Que, d'après l'avis du 13 messidor an 13,

» approuvé par nous, il n'y a pas lieu à exa-
» miner si lesdits religieux possédoient les fonds
» à titre de seigneurie,

» Notre conseil-d'Etat entendu, nous avons
» décrété et décrétons ce qui suit :

» Art. 1er. La redevance due par les héritiers
» de Jean et Jacques Philippon, aux ci-devant
» religieux de l'abbaye de Saint - Bénigne de
» Dijon, en vertu du bail à cens, consenti au
» profit de leur auteur, le 30 avril 1664, de
» quatre ouvrées deux tiers de vignes, sises au
» lieu de Gevrey, est déclarée supprimée sans
» indemnité, ainsi que toutes celles de même
» nature qui auroient pu être stipulées en faveur
» de ladite abbaye.

» 2. Notre ministre des finances est chargé
» de l'exécution du présent décret. »

Les deux avis du conseil d'Etat, et le décret
impérial qu'on vient de retracer, constituent la
jurisprudence du conseil d'Etat en matière de
rentes créées avec des caractères de féodalité
par des particuliers non seigneurs.

Tout le fondement de cette odieuse jurisprudence repose sur ce principe erroné, mis en
avant pour la première fois dans l'avis du
conseil d'Etat, du 13 messidor an 13, « que
» lorsque le titre constitutif de la redevance ne
» présente aucune ambiguité, celui auquel ce
» titre est opposé, ne peut pas être admis à
» soutenir qu'il n'avoit pas de seigneurie. »

Ainsi, c'est inutilement que les règles les plus

constantes du régime féodal auront décidé qu'un particulier non seigneur féodal ne peut jamais constituer qu'une rente foncière et non féodale ; ainsi , ce sera inutilement que les lois et la raison auront enseigné que dans les contrats il faut plutôt s'attacher à la vérité qu'à ce qui a été écrit. *Leg. 1. cod. Plus valer. quod agit.* Toute redevance doit être jugée seigneuriale sans aucun examen, pourvu que le titre constitutif de la redevance ne présente aucune ambiguïté sur la qualité de seigneur, attribuée au bailleur. Aucune réclamation n'est admise contre cette qualité prise dans l'acte constitutif, ni que le bailleur n'étoit pas seigneur féodal de l'immeuble concédé, ni que c'est par erreur que cette qualité lui a été donnée ; tout est jugé par le mot seul, par la dénomination féodale donnée à la redevance.

Aucune loi révolutionnaire n'auroit osé méconnoître à ce point, les principes les plus élémentaires de la jurisprudence.

On peut dire, de ces principes erronés, ce que M. le procureur-général Merlin disoit, en portant la parole à l'audience de la section civile de la cour de cassation, du 2 janvier 1809 : « Maintenant nous apprendra-t-on par quelle » étrange bizarrerie une rente que celui à qui » elle appartient n'auroit pas pu, avant la révo- » lution, faire juger seigneuriale à son profit, » pourroit aujourd'hui être jugée seigneuriale à » son détriment ? Ne seroit-ce pas le comble de

» la déraison que de dire au propriétaire d'une
» pareille rente : « Vous auriez dû perdre votre
» procès en 1788, si vous aviez soutenu qu'elle
» étoit seigneuriale; et vous devez encore le
» perdre aujourd'hui, en soutenant qu'elle ne
» l'est pas? » Ne seroit-ce pas admettre à la fois,
» pour le même objet, deux poids et deux
» mesures? » (*Voyez* le Plaidoyer de M. Merlin,
rapporté dans le *Répertoire de Jurisprudence,
verb. Terrage*, n°. 2.)

Cependant, c'est précisément ce que décide
le décret impérial du 23 avril 1807; ce décret
dit implicitement aux prétendus héritiers Philippon : « Vous auriez dû perdre votre procès
» en 1788, si vous aviez soutenu que la rede-
» vance due par vous à l'abbaye de Saint-
» Benigne, de Dijon, étoit féodale, par la raison
» que cette abbaye ne possédoit pas à titre de
» fief, et n'avoit aucun droit de seigneurie sur
» les terrains par elle concédés; et vous devez
» encore le perdre aujourd'hui, en soutenant
» qu'elle ne l'est pas, parce que le titre consti-
» tutif de votre redevance ne présente aucune
» ambiguité, et que ce titre contient, non des
» stipulations féodales, mais des stipulations cen-
» suelles, qui n'avoient de commun, avec les
» stipulations féodales, que le nom. »

On laisse à juger si ce seroit être trop sévère
que de reprocher à ce raisonnement d'être le
comble de la déraison.

Mais l'indignation s'accroîtra encore, s'il est

possible, quand on saura que ce décret, dont
l'objet étoit d'anéantir la jurisprudence de la
cour de cassation, affermie par une foule d'arrêts conformes à la lettre et à l'esprit des lois,
même révolutionnaires, et de spolier peut-être
cinquante mille familles, a été rendu au milieu
du tumulte des combats, au camp impérial de
Finckenstein, et sur une espèce entièrement
supposée. Il est notoire à Dijon, et le fait m'a
encore été attesté récemment par un des principaux magistrats de la cour royale de cette ville,
qu'il n'y a jamais existé de procès entre l'administration des domaines représentant la ci-devant
abbaye de Saint-Bénigne de Dijon, et les prétendus héritiers Philippon. Cette espèce est absolument fictive, et a été imaginée pour avoir un
prétexte de faire décider par Buonaparte le principe dont on vouloit faire l'application à des
redevances foncières réellement existantes. On
peut juger, par cet exemple, du respect que
méritoient les avis du conseil d'Etat et les décrets
impériaux, que les flatteurs de Buonaparte met-
toient au-dessus des lois les plus positives.

Pourroit-on moins justifier le décret impérial
du 23 avril 1807, en disant que son objet a été
de mettre les redevables de rentes qualifiées
sdigneuriales, par les titres de leurs constitutions,
dans le cas de dire à leurs bailleurs : « Vous
» avez pris la qualité de seigneurs dans l'acte
» constitutif de la rente dont vous réclamez le
» paiement; j'ai donc dû croire que vous étiez

» effectivement seigneurs. Vous vous êtes réservé,
» par cet acte-là, la seigneurie directe que vous
» m'avez abandonnée ; j'ai donc dû croire qu'ef-
» fectivement la seigneurie directe de cet héri-
» tage vous étoit réservée. Aujourd'hui vous
» venez soutenir le contraire ; mais les événe-
» mens m'ont mis dans l'impuissance de com-
» battre votre assertion : les titres qui pourroient
» prouver, si je les représentois, que vous étiez
» seigneur d'effet comme de nom, ont disparu ;
» la loi du 17 juillet 1793 a ordonné le brûle-
» ment de tous les titres féodaux , et si quelques-
» uns de ces titres ont échappé à l'exécution de
» cette loi, la plupart, du moins, l'ont subie. Et
» comment pourrez-vous établir que, dans le
» nombre des titres dévorés par les flammes, il
» ne s'en trouvoit pas qui m'auroient fourni la
» preuve de la qualité de seigneur que vous
» mettez en dénégation, aujourd'hui qu'elle
» vous est nuisible, après que vous vous en étiez
» décoré publiquement à une époque où elle
» étoit à la fois utile et honorifique pour vous ? »

Ces raisonnemens ne seroient que spécieux,
et ils supposeroient d'ailleurs que le décret du
23 avril 1807 ne s'appliqueroit pas au cas où il
seroit prouvé, d'une manière non équivoque,
qu'au temps de la création de la redevance la
seigneurie féodale de l'héritage concédé appartenoit à un autre qu'au bailleur à rente de l'héritage. Ensuite comment concilier ces raisonnemens avec les principes de la jurisprudence

féodale, suivant lesquels (comme l'observoit M. le procureur-général Merlin, à l'audience de la cour de cassation, du 19 nivose an 12, dans l'affaire de Jean Lantigues, contre l'hospice de Dax (1)), « avant l'abolition du régime féodal, » le propriétaire d'un franc-alleu roturier ne » pouvoit le concéder, ni en fief, ni à cens sei- » gneurial ?

» Et, par une conséquence nécessaire, que si » de fait, ce propriétaire avoit concédé son bien » en fief ou à cens seigneurial, il ne l'avoit réelle- » ment ni inféodé, ni accensé; et, par une con- » séquence ultérieure, que la rente qualifiée » seigneuriale qu'il s'est réservée, n'a pas été » abolie par la loi du 17 juillet 1793? »

Au reste, les avis du conseil d'Etat ne sont pas, comme quelques personnes pourroient le penser, la conséquence nécessaire des lois ré- volutionnaires.

Celle du 17 juillet 1793, en supprimant les redevances ci-devant seigneuriales, avoit ex- pressément excepté de cette suppression, « les » rentes ou prestations purement foncières et » *non féodales.* » (Art. 2.)

On ne peut pas véritablement invoquer cette loi pour déclarer abolies, des rentes qui, suivant la jurisprudence en usage, au temps où elles ont été établies, et d'après les principes les plus cer-

---

(1) Voy. les *Questions de Droit* de M. Merlin, 2ᵉ édition, verb. *Rente foncière, Rente seigneuriale,* §. 14, num. 1.

tains, ne pouvoient pas être féodales, mais purement foncières.

Le décret, d'ordre du jour, du 2 octobre 1793, rappelé, dans les motifs de l'avis du conseil d'Etat, du 26 pluviose an 11, n'autorise pas davantage cette conséquence.

« Un membre présente, au nom du comité de » législation, un projet de déclaration, conte- » nant deux points principaux. Le premier con- » sistoit à séparer, dans les actes portant conces- » sion primitive de fonds, à titre d'inféodation » ou d'accensement, ce qui étoit purement fon- » cier, d'avec les droits qui, sous le nom de cens » et de casualité, rappeloient le régime tyran- » nique aboli par la loi du 4 août 1789.

» Le second point de la déclaration consistoit » à proroger à six mois, le brûlement des titres » féodaux mixtes.

» Sur ces deux propositions, la convention » nationale passe à l'ordre du jour, motivé sur » la loi du 17 juillet, relative aux droits féodaux. »

Tout ce qu'on peut inférer de ce décret d'ordre du jour, c'est que la convention natio-nale rejeta la proposition qui lui étoit faite au nom du comité de législation, de séparer dans les actes portant concession primitive de fonds, à titre d'inféodation ou d'acensement, ce qui étoit purement foncier, d'avec les droits féodaux et honorifiques; c'est-à-dire, de laisser subsister les redevances féodales, en ce qu'elles avoient d'utile, et qui pouvoit justement être considéré

comme le prix de la concession de l'immeuble ;
et de ne supprimer que les droits purement honorifiques. Mais, inférer de ce décret que la convention a entendu aller plus loin que la loi du
17 juillet 1793 elle-même, et supprimer sans
aucune indemnité les rentes purement foncières
que l'art. 2 de cette loi avoit formellement exceptées de l'abolition, par cela seul que, par erreur
ou faussement, le bailleur auroit pris dans le titre
constitutif de la rente, la qualité de seigneur,
ou auroit joint à la redevance quelques signes
apparens de féodalité, c'est, pour ne rien dire
de plus, une étrange manière de raisonner.

Mais au moins les avis du conseil d'Etat peuvent-ils être justifiés par le décret de la convention nationale du 7 ventose an 2, qui est également rappelé dans les motifs de l'avis du conseil d'Etat du 26 pluviose an 2 ? Pas davantage.
Rapportons d'abord le texte de ce décret.

« La convention nationale, après avoir enten-
» du le rapport de son comité de législation,
» sur la question proposée par l'administrateur
» des domaines nationaux, si la régie de l'enre-
» gistrement et des domaines peut recevoir le
» rachat qui lui est offert pour le compte de la
» nation, d'une rente de trente-cinq setiers de
» blé, *qualifiée foncière et seigneuriale* par le
» titre primitif ou bail d'héritage, dans lequel
» est en même temps stipulé un droit de cens
» emportant lods et ventes ;

» Considérant que déjà elle a déclaré par un

» décret d'ordre du jour , du 2 octobre 1793
» (vieux style) , qu'elle avoit entendu par la loi
» du 17 juillet précédent , supprimer sans indem-
» nité les rentes foncières qui avoient été créées ,
» même par concession de fonds , avec mélange
» de cens ou autre de seigneurie ou *féodalité*,

   » Déclare qu'il n'y a pas lieu à délibérer. »

Ce décret ne statue rien de nouveau, il ne fait
que déclarer que la loi du 17 juillet 1793 , a
supprimé sans indemnité les rentes foncières seigneuriales , et , par conséquent , les rentes qui
n'étoient pas réellement seigneuriales , n'ont pas
été supprimées par ce décret.

En deux mots, ces deux décrets, l'un d'ordre
du jour , l'autre , portant qu'il n'y a lieu à délibérer , ne contiennent aucune nouvelle disposition législative en matière de rentes féodales :
ils se réfèrent tous les deux à la loi du 17 juillet
1793 , et cette loi n'a supprimé que les rentes
ou redevances seigneuriales ou *féodales*, et non
celles qui avoient l'apparence et la couleur des
rentes seigneuriales et féodales , mais qui , d'a-
près les principes de la jurisprudence , étoient
réellement des rentes foncières.

Nous allons encore appuyer notre opinion de
l'autorité imposante de M. Merlin , l'un des
membres les plus célèbres du comité féodal de
la première assemblée nationale : « Pour sentir,
» disoit ce grand magistrat, dans le plaidoyer
» du 2 janvier 1809, qu'on vient de citer, au
» surplus, que les lois abolitives des droits féo-

» daux n'ont supprimé que les droits qui étoient
» féodaux à l'époque de leur promulgation, il
» suffit de se bien pénétrer de l'objet qu'elles
» ont eu en vue. Or, leur seul objet a été
» d'anéantir les rapports de puissance, d'une
» part, et de sujétion de l'autre, que les droits
» féodaux avoient établis entre ceux qui les
» percevoient et ceux qui en étoient gre-
» vés. »

Les avis du conseil d'Etat ne sont donc qu'une
extension inique donnée à la loi odieuse du 17
juillet 1793 ; ils ont dans la réalité établi une
législation nouvelle qui a ajouté aux lois révolutionnaires. Et ce qu'il y a de véritablement
déplorable, c'est que ces avis du conseild'Eta',
donnés dans des affaires particulières, et le décret
impérial du 23 avril 1807, rendu entre particuliers ; et dans une espèce imaginée par ceux dont
ce décret servoit les vues, ont usurpé l'autorité
et ont exercé toute la tyrannie d'une loi portée par l'autorité légitime. Les tribunaux les
ont pris pour règle de leurs décisions ; et ceux
qui avoient la force ou la sagesse de juger sui-
nt les lois et la jurisprudence constante de
la cour de cassation, s'exposoient à voir leurs
décisions cassées par la cour de cassation elle-
même ; qui, quoique ne pouvant, d'après
son institution, casser un arrêt que pour violation d'un texte précis de loi, motivoit la cassation des arrêts sur les avis du conseil d'Etat et le
décret impérial du 23 avril 1807.

Chose déplorable pour la justice! j'ai vu un grand nombre de décisions des cours d'appel qui ont été annulées par la cour de cassation, précisément parce qu'elles étoient conformes à la jurisprudence de la cour de cassation elle-même, établie par très-grand nombre d'arrêts! On va rapporter quelques-uns des arrêts de la cour de cassation qui feront connoître le dernier état de la jurisprudence de cette cour sur cette matière, et qui sont en sens directement opposé à ceux que j'ai rapportés ci-dessus.

Pour mieux faire sentir la contrariété de cette jurisprudence, on va retracer un arrêt rendu le 19 février 1806, postérieurement à l'avis du conseil d'Etat du 13 messidor an 13, lequel ne fut pas officiellement publié, mais qui est antérieur au décret impérial du 23 avril 1807. Voilà l'espèce de cet arrêt : Il étoit dû à M. de Brancas une rente annuelle sur des terres concédées en 1695 et 1696, sous la réserve « de directe » et majeure seigneurie, droit d'échanger et in- » vestir, retenir par droit de prélation et avan- » tage; donner et prendre par commise et autres » droits, prérogatives et prééminences contenues » et comprises au droit seigneurial. »

Ces réserves avoient bien tous les caractères apparens de la seigneurie ou de la féodalité; mais il étoit constant que, lors de cette concession, M. de Brancas, seigneur de quelques lieux, n'étoit pas le seigneur des terres concédées; que ces terres, situées dans l'arrondissement d'Avignon, étoient dans la *seigneurie* du pape, alors souverain d'Avignon.

M. de Brancas poursuivit le paiement de ces redevances nonobstant son titre qui leur donnoit la couleur de redevances féodales.

Un jugement du tribunal d'Avignon, du 12 nivose an 12, avoit déclaré ces redevances abolies, comme féodales.

M. de Brancas s'étant pourvu en cassation contre ce jugement, il fut cassé par un arrêt du 19 février 1806, rendu au rapport de M. le conseiller Vasse, et sur les conclusions de M. Jourde, avocat-général.

« La cour, vu les art. 1 et 2 de la loi du 17
» juillet 1793, attendu que la nature d'une rede-
» vance est indépendante de toute qualification,
» et se détermine par la substance même de l'acte
» constitutif; que, en concédant des biens dépen-
» dans de sa seigneurie, un seigneur pouvoit
» bien, par les actes de concession, se constituer
» des redevances féodales proprement dites, mais
» le propriétaire d'une roture, ni même un sei-
» gneur étranger, ne pouvoient, en stipulant des
» rentes ainsi qualifiées, lier les redevances par
» aucun rapport féodal ni censuel; que la loi n'a
» aboli que les redevances qui appartenoient à
» la féodalité, et non celles qui, étant le prix d'une
» concession de fonds, auroient été, dans les
» actes de concession, qualifiées de *cens* ou de
» *rentes seigneuriales* ou créées avec *mélange de*
» *droits réputés féodaux*, mais qui ne pouvoient

» recevoir de ces actes aucun caractère de féo-
» dalité : attendu que les demandeurs ont sou-
» tenu, et qu'il n'a pas été méconnu que leur
» auteur, en faveur de qui les rentes dont il s'agit
» ont été constituées en 1695 et 1696, n'étoit pas
» seigneur du territoire où sont situées les por-
» tions de terre dont ces rentes étoient le prix de
» la concession, ce territoire dépendant de la
» seigneurie du pape, alors souverain du Comtat ;
» qu'ainsi, le bailleur du fonds n'avoit pu im-
» primer à ces rentes aucun caractère féodal, et
» qu'elles ne pouvoient être considérées que
» comme purement foncières ; d'où il suit que le
» tribunal d'Avignon, en déclarant abolies les
» rentes réclamées par les demandeurs, a fausse-
» ment appliqué la disposition de l'art. 1er. de la
» loi du 17 juillet 1793, et violé l'art. 2 de cette
» loi. »

Ce n'a été qu'en l'année 1808 que la jurisprudence de la cour de cassation a changé.

Le 2 mai 1808, dans l'affaire de la commune
d'Arbois, sur laquelle avoit été rendu l'avis du
conseil d'Etat du 13 messidor an 13, rapporté
ci-dessus, sur la poursuite du maire de la commune d'Arbois contre les débiteurs des redevances, un arrêt de la cour impériale de Besançon, du 10 mars 1806, confirmatif d'un
jugement du tribunal de première instance d'Arbois, avoit condamné les débiteurs de ces redevances à en continuer le paiement, attendu,
entr'autres motifs, « que les défendeurs n'a-

» voient pas justifié dans le cours de l'instance,
» que la commune d'Arbois eût jamais possédé
» en fief les fonds dont il s'agit; que si, dans les
» contrats d'accensement de 1709, les officiers
» municipaux d'Arbois se sont réservé un cens
» portant lods, lois, amendes, retenue et sei-
» gneurie, cette réserve ne pouvoit pas rendre
» féodaux les fonds qui étoient de roture, parce
» qu'il n'appartenoit qu'aux seigneurs posses-
» seurs de fiefs, de se constituer des rentes féo-
» dales sur les domaines et dépendances de leurs
» fiefs : d'où il suit que la rente ou redevance
» dont il s'agit ne peut être considérée que
» comme pure foncière. »

Cet arrêt a été cassé le 2 mai 1808, au rapport de M. Liborel, et sur les conclusions de
M. Merlin : « attendu qu'il résulte des pièces et
» actes de la procédure, que les redevances
» dont il s'agit, étoient mêlées de cens portant
» lods, lois, amende, retenue et seigneurie;
» et qu'ainsi elles avoient été abolies par le dé-
» cret du 17 juillet 1793 (1). »

Le 30 du même mois, la cour de cassation
a rendu un arrêt semblable sur le pourvoi du
sieur Delavasse, en cassant un arrêt de la cour
de Dijon. Voilà les motifs de cet arrêt : « *Ouï*
» le rapport de M. Chasle... et les conclusions
» de M. Giraud, substitut; *vu* l'art. 5 de la loi

---

(1) Cet arrêt est rapporté dans le *Répertoire de Jurisprudence*, verb. *Rente seigneuriale*, §. 2.

» du 25 août 1792, l'art. 11 de celle du 17 juillet
» 1793, ensemble les décrets d'ordre du jour,
» décrets impériaux et avis du conseil d'Etat,
» concernant la matière, et notamment les avis
» du conseil d'Etat des 23 avril 1807 et 7 mai
» 1808, ainsi conçus.... Attendu que la qualifi-
» cation de la rente dont il s'agit, et les droits
» qui y sont inhérens, dispensent d'examiner,
» en point de fait, si le bailleur originaire des
» fonds qui y sont affectés, en étoit le seigneur,
» ou s'il les possédoit allodialement ou en simple
» censive, puisqu'il résulte de la qualification
» et des droits attachés à la rente, qu'il s'étoit
» réservé une directe sur les fonds par lui con-
» cédés; qu'il suffit que les droits de lods et
» ventes, et autres que le bailleur a établis, ou
» qu'il s'est fait reconnoître, soient contraires à
» la liberté et aux avantages de l'allodialité et
» de la franchise que les lois précitées ont eu
» pour objet; que les droits réservés par le pro-
» priétaire de la rente soient les mêmes, et
» qu'ils produisent les mêmes effets que les droits
» féodaux qui ont été abolis, pour que les prin-
» cipes qui ont déterminé cette abolition, soient
» applicables à ladite vente : d'où il suit qu'en
» la maintenant, malgré le mélange de droits
» qui portent le caractère et les effets de la féo-
» dalité, la cour d'appel de Dijon a violé les
» lois prescrites (1). »

____

(1) On trouve cet arrêt dans les *Questions de Droit* de M. Merlin,
2ᵉ édit., verb. *Rente foncière*, *Rente seigneuriale*, §. 14.

La jurisprudence de la Cour de cassation a continué dans le même sens : on verra plus bas, sous les contrats emphytéotiques, des arrêts qui ont consacré *les mêmes principes.*

Toutes les années des arrêts ont confirmé cette jurisprudence. Le 17 juillet 1811, la cour, en cassant un arrêt de la cour d'appel de Besançon, du 13 avril 1809, a donné, entr'autres motifs, « que d'après le décret impérial du 23 avril 1807, » il n'y a pas lieu d'examiner si les fonds sont » réellement possédés à titre de seigneurie, et » qu'il suffit, pour l'abolition des redevances, » qu'elles soient entachées de féodalité par leur » mélange avec des droits de lods et ventes, et » autres droits supprimés ; qu'ainsi la cour d'appel » de Besançon a violé les dispositions de la loi » du 17 juillet 1793, et des décrets interprétatifs » des lois sur l'abolition des droits féodaux. »

D'après la jurisprudence qu'on vient de retracer, et qui étoit universellement suivie par tous les tribunaux, à l'époque de la chute du gouvernement impérial, les rentes purement foncières et non féodales, créées par des particuliers non seigneurs, sont supprimées sans indemnité, si on a joint à ces rentes non-seulement des signes réels de féodalité, mais, comme on le verra tout-à-l'heure, quand on a joint à ces rentes des redevances féodales en apparence, mais qui réellement étoient purement foncières et non féodales.

Des Contrats emphytéotiques, et des Rentes foncières établies avec réserve de la directe, des lods et ventes, et des servis.

LE bail à cens, le bail à rente foncière, et le bail emphytéotique, étoient trois contrats qui avoient entre eux la plus grande analogie. Cependant il est indispensable de les distinguer, pour reconnoître, parmi ces contrats, ceux qui devoient leur origine à la féodalité, et qui, par conséquent, ont été supprimés sans indemnité envers les bailleurs.

Deux caractères principaux distinguoient le bail à cens : la réserve de la seigneurie directe, l'imposition d'un devoir récognitif de cette seigneurie (1).

Le *cens* et l'emphytéose différoient en ce que le premier avoit son origine dans le droit coutumier, et que l'autre avoit la sienne dans le droit romain ; en ce que la commise avoit lieu dans l'emphytéose, faute du paiement du canon emphytéotique pendant trois ans, ce qui n'avoit pas lieu contre le censitaire ; enfin, en ce que celui-ci peut aliéner à son gré, au lieu que l'emphytéote ne pouvoit vendre sans l'agrément du propriétaire.

Quant au bail à rente foncière, il étoit diffé-

____

(1) *Apud nos contractus censualis est, quando dominium utile certi fundi transfertur sub annuâ et perpetuâ pensione, retentâ dominio directo, et juris dominicalibus ; et ita accipitur et usitatur in toto hoc regno.* Dumoulin, préf. du tit. *des Censives,* n°. 20.

rent des deux premiers, en ce qu'il emportoit une aliénation absolue : point de droits seigneuriaux comme dans le cens, point de rétention du domaine direct comme dans l'emphytéose ; tout passoit au preneur ; il étoit pleinement propriétaire, sans aucune autre charge que celle de la rente stipulée par le bail.

L'effet du bail à cens, et même du bail à emphytéose, étoit de séparer le domaine direct du domaine utile, et de conserver le premier dans les mains du bailleur, de manière qu'il ne passoit dans celles du preneur que le domaine utile de l'immeuble donné à bail.

Il seroit difficile, ou plutôt impossible, d'entendre la plupart des questions féodales sans avoir une idée nette de cette division du domaine direct et du domaine utile, de son objet, de son origine ; et pour cela, il faut, comme dans beaucoup d'autres choses, remonter aux usages des Romains.

Dans les anciens États, on ne connoissoit qu'une seule espèce de seigneurie publique ; il n'y avoit, dans la puissance publique, aucune division : elle appartenoit au monarque dans un état monarchique, à ceux qui avoient le gouvernement dans un état aristocratique, ou à tout le peuple ensemble dans les démocraties. Ceux qui exerçoient la puissance sous le souverain, n'étoient que des magistrats ou officiers, et jamais aucune partie de la puissance publique ne leur appartenoit en propriété : on ne connoissoit non plus qu'un seul degré de seigneurie privée.

Mais depuis l'établissement du régime féodal, il y avoit, dans plusieurs Etats de l'Europe, et principalement en France, deux degrés de puissance ou de seigneurie publique : l'une étoit la puissance souveraine du Roi ; l'autre étoit la puissance publique des seigneurs, qui avoient le droit de justice dans leurs terres. Cette puissance publique leur appartenoit en propriété, mais elle étoit soumise à la jurisdiction et à l'autorité souveraine du Roi.

C'est ce qui est bien expliqué par Loyseau, dans son Traité des Seigneuries, chap. 1, nomb. 81, en ces termes : « Ainsi, outre la seigneurie privée » accordée à ces seigneurs, tant des terres de leur » détroit que des personnes des Gaulois, ils ont » encore usurpé une espèce de seigneurie pu- » blique, c'est-à-dire, une propriété de la puis- » sance publique.

» D'où s'en suit qu'en France, et en si peu » qu'il y a d'autres pays, où la justice publique » est laissée en propriété aux particuliers, il y a » deux degrés de seigneurie publique, à savoir » celle qui demeure inséparablement par devers » l'Etat, nonobstant cette usurpation, que nous » appelons *souveraineté ;* et celle qui a esté ainsi » usurpée par les particuliers, pour laquelle » exprimer il nous a fallu forger un mot exprès, » et l'appeler *suzeraineté,* mot qui est aussi » estrange comme cette espèce de seigneurie est » absurde.

» Comme pareillement nous avons deux degrés

» de seigneurie privée, à savoir : la directe, qui
» est celle des seigneurs féodaux ou censuels ;
» et la seigneurie utile, qui est celle des vassaux
» et sujets censuels. »

Cette dernière division de la propriété ou seigneurie privée en deux espèces, qui sont la
directe et l'utile, tire son origine du droit romain,
et voici quelle en fut l'occasion.

Le bail d'un héritage ou d'un fonds à la charge
d'une redevance ou de quelque prestation annuelle et perpétuelle, n'est, à proprement parler,
ni une vente ni un louage : c'est une espèce de
contrat qui participe de l'un et de l'autre.

Parmi les Romains, il se faisoit beaucoup de
ces contrats ; ils avoient été mis en usage du
temps de la république, et ils furent beaucoup
plus fréquens du temps des empereurs. Ainsi
l'on bailloit, à la charge d'une redevance annuelle et perpétuelle au profit du public, les
terres qui avoient été ôtées aux ennemis vaincus.
Les communautés, les villes, et même les particuliers, faisoient aussi de ces sortes de baux.

On inventa, du temps des empereurs, un
contrat particulier qui fut appelé emphytéose :
c'étoit un bail que l'on faisoit des terres en
friche, afin de les cultiver ou de les améliorer.
L'empereur Zénon donna une forme certaine à
ce contrat, et Justinien la confirma.

Or, dans tous les contrats qui n'étoient ni
vente ni louage, on regardoit le bailleur comme
retenant toujours la propriété ; mais, d'un autre

côté, le preneur avoit droit de jouir de l'héritage à perpétuité, il le transmettoit à son héritier : il y avoit cela de particulier dans le contrat appelé emphytéose, que si le preneur vouloit vendre le fonds, le bailleur avoit la préférence sur l'acheteur, ou il lui étoit permis d'exiger une certaine somme pour approuver la vente.

Sur ce fondement, on disoit, tant à l'égard des fonds baillés en général sous une redevance annuelle, qu'à l'égard de ceux qui étoient baillés à titre d'emphytéose, que le preneur n'étoit pas véritablement propriétaire de l'héritage ; que, par conséquent, il ne pouvoit, à la rigueur, agir en son nom ; et que quand quelqu'un le lui ôtoit, il falloit que le véritable propriétaire, qui étoit le bailleur, intentât l'action en son nom : mais comme ce circuit étoit embarrassant, on trouva qu'il étoit juste de donner une action au preneur pour revendiquer l'héritage de son chef, et pour exercer tous les droits concernant cet héritage. Cette action fut appelée utile, *actio utilis*, c'est-à-dire, une action fondée sur une considération d'équité : mais l'action qui appartenoit au bailleur ou véritable propriétaire, fut appelée directe ; c'est ce qui est expliqué par tous les auteurs sur le titre du ff. *Si ager vectig.*, *vel emphyt. pet.* On le voit aussi dans plusieurs lois, où il est parlé de cette action directe et de cette action utile.

Dans le temps que les Français entrèrent dans les Gaules, ils y trouvèrent ces établissemens faits par les Romains. Le droit romain étoit

observé dans toutes les Gaules ; c'étoit avant
Justinien, et l'on avoit alors le code théodosien
et les écrits des jurisconsultes, où toutes ces matières étoient expliquées.

Les Français mirent en usage les baux à fief
et les baux à cens ; mais ces contrats n'ont pris
leur forme que long-temps après ; car, au com-
mencement de la monarchie, les fiefs étoient bien
différens de ce qu'ils ont été depuis. La condition
originaire de ces baux étoit la foi et hommage
et le service en guerre ; et depuis, les fiefs ont
été sujets à des redevances ou prestations pécu-
niaires, soit ordinaires, soit casuelles.

Les baux à *cens* étoient faits à la charge de
certaines redevances perpétuelles.

Dans tout cela, il se fit un mélange des anciens
usages des Romains avec ce que les Romains
avoient inventé de leur chef. On introduisit aussi
dans ces contrats ce que les Romains avoient
établi pour l'emphytéose, savoir : le droit de
préférence ou de prélation, qui est le retrait
féodal ; et le retrait censuel dans les pays où il a
lieu, qui est le droit d'exiger une certaine somme
pour approuver la vente : ce qui a formé les
droits de quints, lods et ventes, et autres semblables.

Or, la distinction que les Romains avoient
faite entre l'action utile et l'action directe, à
l'égard des héritages baillés à perpétuité sous
une redevance annuelle, produisit la distinction
entre le domaine direct et le domaine utile, et

l'on ne disoit plus que le preneur avoit l'action utile, mais qu'il avoit le domaine ou la propriété utile. C'est ce qui a été fort bien expliqué par Coquille, sur la coutume de Nivernois; et quoique ce soit une chose très-simple, elle a pourtant embarrassé plusieurs auteurs, lesquels ne voyant pas cette origine, ont dit que la distinction de la propriété ou de la seigneurie directe d'avec la propriété utile, est une invention des anciens Français, ou de quelqu'un des peuples qui démembrèrent l'empire romain.

Voilà ce qui regarde l'origine de cette division de la seigneurie privée, en directe et utile; origine qu'il est nécessaire de connoître pour bien juger de la nature des redevances stipulées dans les contrats emphytéotiques, et de celles des lods et ventes.

Une première conséquence qui résulte de ce qu'on vient de dire, c'est que si un particulier non seigneur féodal a concédé à bail emphytéotique, un héritage à rente, avec réserve de la seigneurie ou de la propriété directe, et avec stipulation de droits de servis et de lods et ventes, ou du droit de prélation, la redevance n'est pas pour cela une redevance féodale, mais seulement foncière; c'est ce qu'enseigne Dumoulin : *Ut initio contractûs emphyteuta det aliquam quantitatem pecuniæ in præsentiâ, et deindè promittat singulis annis aliquid modicum, ut si res, quæ datur in emphyteutis, reverà valebit 100 floren, tunc dominus jubet sibi dari* 50 *vel* 60, *pro arbitrio*; *cum illâ adjectione, ut in recognitionem dominii annui soleat unum denarium, vel duos capones, vel aliquam parvam quantitatem frumenti.* Dumoulin, *in tit. cod. de jur. emphyteut.*

Ainsi, selon Dumoulin, il est d'usage dans le bail à emphytéose, que le bailleur stipule, en reconnoissance de la directe, qu'il se réserve deux chapons ou une petite quantité de froment; mais cette stipulation n'a rien de féodal, rien de seigneurial : il en est de même de la stipulation de lods et ventes.

Les lods, appelés dans l'usage *lods et ventes*, n'étoient autre chose qu'une certaine quotité du prix de la vente qui devoit être payée au seigneur féodal et censuel, qui avoit retenu en baillant à rente seigneuriale ou à emphytéose, la seigneurie féodale ou directe de l'héritage; cette quotité du prix étoit le cinquantième dans le droit romain. *Leg. ultim. cod. de jur. emphyteut.*

Verbum laudimium, est de se vox generalis ad omne id quod domino directo solvitur in renovatione investituræ, sic etiam relevia feudalia, et quas vocant ventas tam in re feudali quàm censuali. Dumoulin, *tit.* 2, *de censive,* §. 76, *num.* 1.

Nunc retento communi usu loquendi laudimiorum, videlicet pro eo quod domino censuali debetur occasione venditionis rei censuariæ, notandum ad declarationem variorum terminorum et consuetudinum ; quod vulgò feruntur duo principales termini, videlicet, lods et ventes, *seu laudimia et ventœ, tamen in veritate non sunt nisi unum jus, videlicet laudativum.* Dumoulin, *ubi sup. num.* 4.

D'Argentré s'explique dans le même sens. Il n'est pas douteux, dit ce jurisconsulte, que si on aliène l'héritage détenu à titre d'emphytéose, les lods ne soient dus comme pour un héritage donné en fief par un seigneur féodal. *Nec dubitandum quin si pro pecuniâ res emphyteutica alienatur, laudimia debeantur, ut rei quoque in feudum concessœ.* D'Argentré, *Tractatus de laudimiis, cap.* 1, § 1.

Le droit de lods et ventes n'étoit pas partout appelé du même nom ; ce droit étoit désigné en Guyenne et en Languedoc, sous le nom d'acapte, *acaptamentum;* muage, *mutagium* dans l'Auvergne ; relief ou *rachat,* et plait, *placitum,* dans d'autres provinces.

Salvaing, dans son Traité de l'*Usage des fiefs,* fait voir que le *plait,* en usage dans la province du Dauphiné, est un droit seigneurial qui est dû par la mutation du seigneur ou du possesseur de la chose qui y est sujette, ou de tous les deux ensemble ; et il dit :

« C'est ainsi qu'a été établi le plait, qui a
» passé depuis à l'emphytéose par le rapport et
» la convenance qui est entre elle et le fief,
» d'où vient qu'en beaucoup de cas l'on fait in-
» duction de l'un à l'autre, et même depuis

» quelques siècles, les notaires ont donné par
» abus le nom de fief à l'emphytéose, à cause
» de quoi ceux qui ont fait des contrats emphy-
» téotiques, se sont aussi réservé le *plait;* abus
» qui s'est introduit sous la troisième race de
» nos Rois, suivant l'opinion de Dominici, *de*
» *Prerogaticâ allodior.*, *cap* 16, *num.* 9.»

Et plus bas : « De fait, quelque différence
» qu'il y ait entre le fief, l'emphytéose, la libel-
» laire et le cens, l'usage les a confondus en
» communiquant les propriétés des uns aux
» autres; puisque l'emphytéose a pris abusive-
» ment le nom de fief, et que nous donnons le
» nom de cens, ou de cense, ou de censive,
» non-seulement à cette sorte de prestation qui
» est du droit coutumier de France pour la
» marque de la seigneurie directe, mais aussi à
» la redevance emphytéotique que Justinien,
» *Leg.* 2, *Cod. de jur. emphyt.*, appelle *pen-*
» *sionem*, les autres *canonem.* »

Des redevances semblables à celle du droit
de plait, et qui avoient tous les caractères apparens des droits féodaux ; quoique n'étant que des
droits purement fonciers et censuels, étoient en
usage dans la Provence. C'est ce dont on ne peut
douter, en lisant un édit du Roi du mois d'août
1692, et surtout une déclaration du 2 janvier
1769.

« Les gens des trois États de notre pays de
» Provence, est-il dit dans le préambule de la
» déclaration du 2 janvier 1769, nous auroient

» fait représenter que l'usage du droit écrit qui
» régit la Provence, auroit donné lieu à une
» sorte d'emphytéose, par laquelle les proprié-
» taires de terres en franc-alleu roturier, en
» cédant la propriété utile desdites terres, s'en
» réservent la propriété foncière, et n'en font
» l'aliénation qu'à la charge de redevances, de
» droits de lods et ventes, en cas de mutation, du
» droit de prélation en cas de retrait, et quel-
» quefois même à la charge de foi et hommage ;
» *en sorte qu'il paroîtroit en résulter une espèce*
» *de directe ayant la plupart des attributs des*
» *fiefs, ce qui les auroit fait qualifier abusive-*
» *ment, dans les actes, de fiefs, de directes*
» *nobles et féodales, et de seigneurie ;* que ces
» qualifications auroient donné lieu aux fermiers
» de nos droits de franc-fief de prétendre que ce
» droit leur est dû, lorsque ces directes emphy-
» téotiques passent entre les mains de roturiers,
» et sont possédées par eux. »

Après ce préambule, la déclaration porte,
art. 1er, que les redevances créées pour la concession, à titre d'emphytéose, de terres et héritages tenus en franc-alleu roturier dans la Provence, ne pourront, en aucun cas, être qualifiées
de *directes nobles et féodales*, de *fiefs* et de *seigneuries ;* encore que, par les contrats, les bailleurs se réservent des droits de lods et ventes,
et que lesdits contrats contiennent stipulation du
droit de prélation ou de retrait.

Les qualifications énoncées dans l'article pré-

cédent , porte l'art. 2, et qui auróient été données par des contrats antérieurs à notre présente
déclaration , aux redevances emphytéotiques
stipulées par lesdits contrats, *seront regardées
comme nulles*, ainsi que les réserves de foi et
hommage qui y seroient exprimées, et ne « pour-
» ront, lesdites qualifications et réserves, changer
» la nature desdites redevances, et celle des
» héritages qui en sont l'objet. »

Maintenant que les principes de l'emphytéose,
du droit de lods et ventes et du droit de prélation ont été exposés, on entendra plus facilement
la jurisprudence de la cour de cassation et celle
du conseil d'Etat sur cette matière qui est d'un
grand intérêt pour plusieurs provinces.

La directe emphytéotique n'a pas été abolie
par les lois suppressives du régime féodal, parce
que le mot *directe*, inséré dans un acte ou dans
un texte de loi, relatif à une rente qui, par sa
nature, est purement foncière, n'est nullement
synonyme de *seigneurie*, et ne suffit pas pour
prouver que cette rente est seigneuriale. C'est un
point de droit qui a été jugé par plusieurs arrêts.

Premier arrêt. 20 juillet 1770, bail emphytéotique d'un moulin à vent, moyennant 500 liv.
de rente, consenti par le sieur Destournelle,
alors seigneur de la terre de Sailly, au sieur de
Mailly. Ce bail, qui étoit de quatre-vingt-dix-
neuf ans, contenoit trois clauses remarquables :

1°. « Réserve ledit bailleur, la justice et sei-
» gneurie directe, foi et hommage, tant dudit

» moulin que du terrain sur lequel il est cons-
» truit, pour faire valoir et exercer, et les porter
» à son suzerain, quant et ainsi qu'il appar-
» tiendra.

2°. » En cas de vente, don, cession, trans-
» port, ou autres aliénations quelconques, il sera
» dû aux propriétaires de Sailly-aux-Bois les
» *droits seigneuriaux*, à raison du sixième de-
» nier du prix, prisée ou estimation; et, en cas
» de décès du propriétaire, le droit sera de
» 60 liv., à raison de la totalité du moulin et de
» la moitié d'icelui.

3°. » A défaut de paiement de trois années de
» la redevance ou fermage ci-dessus convenu,
» il sera libre audit Destourmelle, ses successeurs
» ou ayant cause, de résilier le bail emphytéo-
» tique, et d'obliger lesdits preneurs de s'en
» désister, sans rétention de pot-de-vin, dom-
» mages ni intérêts, et sans que cette clause
» puisse être réputée comminatoire, mais de
» rigueur. »

Après les lois suppressives des droits féodaux,
de Mailly prétendit que la redevance stipulée
par ce bail emphytéotique étoit abolie, comme
mélangée de féodalité.

Un jugement du tribunal civil du Pas-de-
Calais, du 26 thermidor an 7, l'avoit décidé
ainsi.

Mais, le 22 brumaire an 10, un jugement du
tribunal d'appel, séant à Douai, dit que, par ce
jugement, il avoit été « *mal jugé*, et ordonne

» *l'exécution du bail emphytéotique, à l'ex-*
» *ception des clauses relatives aux lods et ventes*
» *et autres droits féodaux.* »

Le débiteur de la redevance se pourvut en cassation contre ce dernier jugement.

Il lui reprochoit, 1°. d'avoir admis en principe, contre le vœu de la loi, une distinction entre les droits fonciers et les droits féodaux. Il disoit qu'il suffisoit que les droits fonciers fussent mélangés de féodalité pour qu'ils fussent supprimés;

2°. D'avoir maintenu, comme foncier, un droit évidemment féodal.

Par arrêt du 29 thermidor an 11, au rapport de M. Brillat-Savarin, le pourvoi a été rejeté.

« Attendu que les lois invoquées ne sont nul-
» lement applicables à l'espèce actuelle, où il
» s'agit d'un bail et de redevances qualifiées
» *fermages.* »

Deuxième arrêt. Marques et consorts, pour établir que la rente colongère, dont le sieur Schawenbourg leur demandoit le paiement, étoit seigneuriale dans le sens des lois de 1792 et 1793, se prévaloient de ce que, par le jugement même qu'ils attaquoient, il étoit dit que le sieur Schawenbourg avoit sur leurs fonds un droit de *directe.* Mais M. Merlin, qui porta la parole dans cette affaire, pour le ministère public, fit observer que ce mot *directe* ne dési-gnoit que le *dominium directum* de l'emphy-téose romaine; qu'elle n'avoit rien de commun

avec la directe seigneuriale proprement dite, et
que si celle-ci avoit été supprimée avec la féodalité qui en étoit la source, l'autre subsistoit
encore et subsisteroit tant que la loi civile n'ôte-
roit pas au propriétaire d'un alleu la faculté
d'en aliéner le domaine utile, moyennant une
redevance quelconque, et de s'en réserver le
domaine directe, c'est-à-dire, qu'elle existeroit
toujours.

Et conformément aux conclusions de M. Merlin,
la cour, par arrêt du 26 pluviose an 11, rejeta
le pourvoi du sieur Marques, « attendu que les
» rentes colongères ne portant par elles-mêmes
» aucun caractère de féodalité, et les deman-
» deurs en cassation n'ayant pas justifié que la
» rente colongère dont ils sont redevables, ait un
» caractère certain et véritable de féodalité, il
» suit de là, que, par son jugement du 21 plu-
» viose an 10, le tribunal d'appel, séant à Colmar,
» n'a pas contrevenu à la loi du 25 août 1792,
» ni fait une fausse application de la loi du 17
» juillet 1793 (1). »

Déjà la cour de cassation avoit jugé, par un
autre arrêt du 3 pluviose an 10, en rejetant le
pourvoi de Flecthein et consorts, contre un jugement du tribunal de Strasbourg, qu'une rente
colongère ne pouvoit être réputée féodale, alors
que le débiteur de cette rente n'avoit pas justifié

____

(1) Cet arrêt est rapporté dans les *Questions de Droit* de
M. Merlin, 2ᵉ édit., verb. *Rente foncière, Rente seigneuriale. §. 11.*

qu'elle avoit un caractère certain de féodalité.

Troisième arrêt entre les sieur et dame de La Salle, ci-devant seigneurs hauts-justiciers de la baronnie de Blanzac, et leurs ci-devant tenanciers Jacoux, Mouly et consorts, il étoit constant en point de fait,

Que, par acte du 10 mai 1772, les tenanciers avoient reconnu : « tenir, porter et posséder, et » leurs auteurs et prédécesseurs avoir de tout » temps et ancienneté tenu, porté et possédé de » Simon-Claude-Amable de Tubœuf, seigneur » de Blanzac, en un tènement, etc.., de terres, » charrues et rochers, etc. situé dans la justice » de Blanzac, et mouvant de la justice dudit » seigneur ; »

Que la redevance établie consistoit en une portion de fruits ;

Que les biens arrentés étoient situés sur le territoire régi par la coutume d'Auvergne.

Le seigneur prétendoit que l'existence de la rente étant établie par l'acte du 10 mai 1772, elle devoit lui être payée, à moins que les débiteurs de la rente excipant de l'abolition, ne justifiassent qu'elle étoit *seigneuriale.*

Ceux-ci répondoient qu'il suffisoit de la qualité de seigneur dans le propriétaire de la rente, pour qu'elle fût réputée seigneuriale.

Le 8 nivose an 11, arrêt de la cour d'appel, séant à Riom, en faveur du seigneur, par les motifs suivans : « Considérant que la coutume d'Auvergne

9

» est *allodiale*, qu'ainsi les rentes sont présumées
» foncières ; que la présomption est plus forte à
» l'égard des percières, dont les arrérages pou-
» voient être demandés de vingt-neuf ans, à la
» différence du cens seigneurial, dont les arré-
» rages se prescrivoient par trois ans, et que la
» coutume ne parle point des percières dans les
» divers titres qui concernent les droits féodaux
» et seigneuriaux. »

Sur le pourvoi en cassation formé contre cet
arrêt par les tenanciers, M. le procureur général
Merlin, qui porta la parole, posa en principe que
dans les coutumes allodiales les mots *directe
seigneurie* ne supposoient pas une mouvance
féodale, mais qu'ils ne signifioient que le *dominium directum*, qui, aux termes du droit romain,
est toujours retenu par le bailleur à emphytéose,
et en reconnoissance duquel le concessionnaire
de l'alleu qui fait la matière de ce contrat, lui
paie une redevance annuelle emportant à chaque
mutation un droit de lods, *laudimium*, par la
raison que le propriétaire d'un franc-alleu n'a
jamais pu le concéder ni en fief ni en censive,
et que, quelque clause qu'il ait employée à cet
effet, la redevance qu'il a retenue ne peut jamais
former dans sa main qu'une rente emphytéotique ;
que la qualité de seigneur ne suffisoit pas pour
faire présumer que les redevances dues au seigneur de Blanzac fussent *seigneuriales*, et qu'à
moins de preuves formelles de la part des tenanciers que ces redevances étoient féodales et

seigneuriales, elles devoient être réputées purement foncières; et la directe seigneurie ne devoit
s'entendre que de la directe emphytéotique retenue par le bailleur à emphytéose; directe que les
lois abolitives de la féodalité n'avoient pas supprimée. Par ces motifs, M. le procureur-général
conclut au rejet du pourvoi des tenanciers.

Et conformément à ces conclusions, il fut rendu
le 24 vendémiaire an 13, au rapport de M. le
conseiller Ruperou, un arrêt qui rejette le pourvoi. « Attendu que la coutume d'Auvergne étoit
» purement allodiale, ainsi que cela résulte de la
» combinaison de plusieurs de ses articles et de
» la jurisprudence constante du pays; que par
» conséquent toutes les redevances dues sur les
» bien situés dans le ressort de cette coutume,
» qui étoit soumise à la maxime : *nul seigneur*
» *sans titre*, étoient, de leur nature, réputées
» purement foncières, à moins que le contraire
» ne fût positivement stipulé par acte valable;
» qu'il est d'autant moins permis de supposer
» qu'en Auvergne les redevances connues sous
» le nom de percières étoient exceptées de cette
» conséquence générale, résultant de l'allodia-
» lité, et réputées, de leur nature, seigneuriales
» ou censuelles, que, de l'aveu des demandeurs,
» il n'en est pas dit un mot dans les divers titres
» de la coutume qui concernent les droits féo-
» daux et seigneuriaux, et qui en font une longue
» énumération; et qu'en outre la cour d'appel
» met en fait ce qui n'est point contesté non plus,

9.

» qu'il est de principe reconnu, qu'à la différence
» du cens, dont la coutume ne permettoit de
» demander que les trois dernières années d'ar-
» rérages, on pouvoit au contraire demander
» vingt-neuf années d'arrérages, ou fruits de la
» percière.

» Que l'art. 5 de la loi du 25 août 1792,
» n'oblige que les propriétaires des droits féo-
» daux ou censuels, à représenter le titre pri-
» mitif, et que l'art. 7 dispose que les rentes et
» champarts purement fonciers ne sont pas com-
» pris dans la disposition de cet art. 5; que si ce
» même article ajoute : « et autres redevances
» qui ne tiennent point à la féodalité, et qui sont
» dues, par des particuliers, à des particuliers
» *non-seigneurs ou possesseurs de fiefs,* » on ne
» sauroit induire de ces dernières expressions,
» non-seulement que le législateur ait dit, mais
» encore qu'il ait entendu dire, que désormais,
» et par dérogation aux lois antérieures, toutes
» les rentes *purement foncières,* lorsqu'elles se
» trouveront dues à des ci-devant seigneurs ou
» possesseurs de fiefs, seront réputées féodales,
» et obligeront les propriétaires à représenter
» le titre primitif.

» Attendu enfin que, par aucune des clauses
» des actes produits au procès, il n'est établi que
» les deux percières, dont il s'agit, eussent un
» caractère féodal ou seigneurial. (1) »

____

(1) Cet arrêt est rapporté dans les *Questions de Droit* ed
M. Merlin, 2e édit., verb. *Terrage,* §. 1.

Un autre arrêt du 2r brumaire an 14, au rapport de M. Rousseau, consacre les mêmes principes; cet arrêt, rendu aussi conformément aux conclusions de M. Merlin, procureur-général, a rejeté le pourvoi du sieur Jatteux, contre un arrêt de la cour d'appel, séant à Riom : les motifs de cet arrêt, qu'on va transcrire, en feront connoître l'espèce.

« Attendu 1°. qu'il s'agit d'un surcens créé par » le détenteur d'un héritage, qui le tenoit à la » charge d'un cens envers le seigneur de cet » héritage, et qu'on ne peut confondre une pa» reille redevance, quelque qualification qu'on » lui ait donnée, avec celles réellement seigneu» riales et féodales, les seules que les lois aient » entendu supprimer.

» Attendu 2°. qu'il est reconnu en fait, et qu'il » n'a pas été contesté que le surplus des héri» tages étoit tenu en franc-alleu roturier; que » le détenteur n'avoit pas le pouvoir de conférer » à ces héritages une prééminence féodale qu'ils » n'avoient pas; que la directe dont parle la cou» tume (celle d'Auvergne) ne peut s'entendre » que du *dominium directum* des emphytéoses, » tel qu'on l'entend dans le sens des lois romaines, » et qui ne tient rien de la féodalité; que cette » interprétation sort naturellement de la combi» naison des art. 1 et 2 du chap. 31 de la cou» tume d'Auvergne, puisque, suivant l'art. 1er, » tous cens et rentes dus sur héritage certain, » emportent *directe* seigneurie, et que l'art. 2

» porte aussi que quiconque acquiert cens ou
» rentes sur un fonds allodial, acquiert la directe ;
» que de cette identité d'expressions dont se sert
» la coutume, dans deux articles qui se suivent,
» il faudroit, pour interpréter le mot *directe* dans
» le sens féodal, aller jusqu'à dire que tout parti-
» culier qui aliénoit son fonds en Auvergne,
» moyennant une redevance de cens ou rente, se
» faisoit un fief, se formoit une vraie directe féo-
» dale : ce qui est *absurde*, et ce que la coutume
» d'Auvergne ne suppose nulle part ; qu'ainsi la
» cour de Riom, loin de contrevenir aux lois et
» à la coutume, s'est parfaitement conformée à
» son esprit. »

Quatrième arrêt. Le 20 décembre 1775, l'é-
vêque de Bâle a concédé au sieur Hertzeis un
petit verger, situé à Glovelier, pays de Porentruy. L'acte de concession porte : — « Que ce
» terrain est *inféodé* pour Hertzeis et ses *des-
» cendans mâles* qui demeureront dans le lieu
» de Glovelier, en fief mâle, mouvant de nous
» et de l'évêché de Bâle....... Il est dit que le pré-
» sent prêt est fait pour la *cense* annuelle et per-
» pétuelle de trois sols bâlois, et d'un chapon.......
» Les obligations imposées aux détenteurs sont
» de bien éborner, maintenir et cultiver ledit
» clos et verger ; de boucher et essorter le tout
» en bon et dû état ; comme aussi de bien et fidè-
» lement payer ladite cense annuellement, sans
» en laisser échoir deux, la troisième montant ,
» *à peine d'être privé de ce fief ;* qu'ils ne pour-

» ront, en outre, et ne devront engager, vendre ;
» changer, hypothéquer, obliger, aliéner en
» telle manière que ce soit ledit fief, ou mélio-
» rance d'icelui, sans notre *permission* et con-
» sentement, et de nos successeurs; que toutes et
» quantes fois que la main changera, soit par
» notre décès ou celui du retenant, ils seront
» alors tenus, dans six semaines immédiatement
» suivantes, de *reprendre* ledit fief de nous, et
» de payer pour la reprise, autant que la cense
» annuelle de trois sols et un chapon ; comme aussi
» de donner *un porteur de fief* à nous agréable....
» Et que généralement ils feront ce qu'un bon
» et féal retenant est tenu et doit faire ; et le cas
» advenant qu'ils contreviendroient auxdites con-
» ditions et réserves, alors le fief sera échu en
» *commise* à nous, pour le retirer à nous, le
» *reprêter de nouveau*, ou en disposer suivant
» notre bon vouloir et plaisir, comme de notre
» propre, etc. »

Par l'effet de la réunion du pays de Porentruy
à la France, le gouvernement français a succédé
aux droits de l'évêque de Bâle, et il a poursuivi
le paiement de la redevance à laquelle Hertzeis
s'étoit obligé par l'acte ci-dessus transcrit.

Celui-ci a prétendu que la redevance étoit abolie comme féodale.

Le 2 nivose an 12, jugement du tribunal civil
de Delémont, qui condamne Hertzeis au paiement
de la redevance, et juge qu'elle est purement
foncière, et non abolie.

Hertzeis se pourvoit en cassation contre ce jugement ; et, le 10 février 1806, arrêt *après délibéré* (1), de la section civile, au rapport de M. Zangiacomi, et sur les conclusions conformes du savant avocat-général, M. Daniels, ainsi conçu :

« Considérant que la nature d'un acte se dé-
» termine par la convention qu'il renferme réel-
» lement, et non par la dénomination que les
» parties lui ont donnée ;

» Que, d'après la jurisprudence du pays de
» Porentruy, il n'est dans l'acte dont il s'agit,
» aucune clause qui ne puisse s'adapter à un bail
» purement *emphytéotique ;*

» Qu'il est constaté, par un acte de noto-
» riété de la cour féodale de Porentruy, du 17
» mars 1789, que, suivant le style de la cour
» féodale, on appelle *feuda impropriè dicta, item,*
» fiefs ou pièces et morceaux de fiefs, des con-
» cessions qui, en effet, ne sont que de pures em-
» phytéoses, *purè emphyteutica.* Qu'il n'est,
» d'ailleurs, dans le contrat passé entre les par-
» ties, aucune stipulation de laquelle on puisse
» induire l'existence d'un bail à fief ou à cens
» seigneurial.

» Que ce contrat n'est pas un bail à *fief,* parce que,
» suivant les principes du droit allemand, il n'y a
» pas, il ne peut y avoir de convention de ce genre,
» sans une clause expresse qui oblige le preneur au

---

(1) M. Merlin mit sous les yeux de la cour un savant Mémoire sur délibéré, qui est rapporté dans le *Répertoire de Jurisprudence,* verb. *Fief,* sect. 2, §. 7.

» devoir de *féodalité* envers le concédant, clause
» qui ne se rencontre pas dans l'espèce.

   » Que ce contrat ne peut être considéré
» comme bail à *cens* seigneurial, parce que
» rien ne constate que le terrein concédé ait
» fait partie des biens possédés noblement par
» l'évêque de Bâle ; que le pays de Porentruy
» ayant toujours été de franc-alleu, on doit
» présumer, dans le doute, que la concession
» avoit pour objet une terre allodiale ; d'où il
» suit que la directe, retenue par l'évêque de
» Bâle, n'étoit pas noble, mais purement rotu-
» rière, et qu'elle constituoit une emphytéose,
» et non un cens seigneurial. »

   Cette jurisprudence de la cour de cassation,
conforme à la raison et aux principes les plus
positifs suivis dans la jurisprudence féodale, a
tout à coup été changée par les avis du conseil
d'Etat et les décrets impériaux.

———

Jurisprudence du Conseil d'Etat sur les Redevances emphytéotiques.

   LA jurisprudence du conseil d'Etat n'a pas été
toujours uniforme ; elle a varié comme celle de
la cour de cassation. On va rapporter les divers
décrets et avis du conseil d'Etat sur cette matière.

   Par divers actes notariés, passés dans le cours
du dernier siècle, les religieux de l'abbaye de la
Bussière, seigneurs de la commune du même
nom, concédèrent à différens particuliers, par

baux emphytéotiques pour plusieurs vies, des métairies et d'autres héritages situés dans l'étendue de leur seigneurie, à la charge par les emphytéotes, 1°. de leur payer certaines redevances en grains et en argent, *emportant tous droits censaux, amendes et lods et ventes; 2°. d'aller moudre à leur moulin banal; 3°. de ne pouvoir vendre du vin en détail sans leur permission, à peine d'amende, etc.*

Le 3 floréal an 6, ces biens furent adjugés par l'administration centrale du département de la Côte-d'Or, au sieur Vienayllaud, qui céda ses droits au sieur Laligant.

Les emphytéotes prétendirent que les lois des 25 août 1792 et 17 juillet 1793, en abolissan. les redevances féodales, avoient converti les emphytéoses à temps qui contenoient des redevances de cette nature, en concessions pures et simples de propriétés incommutables.

Un arrêté de l'administration centrale du département de la Côte-d'Or, du 23 ventose an 8, fit justice de cette prétention absurde.

Les emphytéotes ne se rebutèrent pas; ils présentèrent au gouvernement une nouvelle pétition, par laquelle ils demandèrent que la contestation fût renvoyée devant les tribunaux, qui prononceroient, tant sur l'opposition formée par les habitans de la Bussière à la délivrance des biens compris aux baux à cens emphytéotiques, portant lods et tous autres droits censaux et seigneuriaux, avec amende, droit de retenue, droit de banalité, droit de justice, *que sur le paiement de la redevance.*

Mais, par un arrêté du gouvernement, du 11 messidor an 10, cette nouvelle réclamation des emphytéotes fut rejetée.

Les choses en cet état, le sieur Laligant, après avoir obtenu, le 2 thermidor an 10, un jugement qui déclaroit les baux exécutoires contre les détenteurs des biens dont il étoit acquéreur, a fait faire à chacun de ces détenteurs un commandement de payer les arrérages dont il se trouvoit redevable.

Sur l'opposition formée par les détenteurs à ces commandemens, jugement par défaut du tribunal civil de l'arrondissement de Beaune, du 24 ventose an 11, qui, sans avoir égard à cette opposition, ordonne que les contraintes commencées seront continuées; appel, et, le 23 germinal suivant, jugement de la cour d'appel de Dijon, qui, donnant défaut contre les emphytéotes, déclare qu'il a été bien jugé.

Les emphytéotes se pourvoient en cassation, et le 11 fructidor an 11, arrêt, au rapport de M. de la Coste, qui prononce le rejet du pourvoi, conformément aux conclusions de M. le procureur-général, en ces termes : « attendu, 1°. qu'il » résulte évidemment de la vente consentie par » l'administration centrale du département de la » Côte-d'Or, le 24 ventose an 8, sur la soumission » faite pour Laligant, des domaines dont il s'agit, » le 3 floréal an 6, que la nation a vendu avec

» le fonds, le prix des fermes ou canons emphy-
» téotiques échus et à échoir comme servitudes
» actives, avec la clause expresse que l'acquéreur
» étoit chargé d'acquitter les contributions fon-
» cières pour les années 5, 6, 7 et 8, et qu'il
» entreroit en possession et jouissance du jour de
» la vente, les fermages de l'an 4 devant être
» partagés, suivant la loi, entre la république et
» l'acquéreur, ceux échus avant l'an 4 étant
» réservés à la république ; que les demandeurs
» avoient si bien entendu que la soumission por-
» toit sur les produits utiles échus et à échoir,
» que, dans l'opposition qu'ils ont formée à la
» première adjudication du 6 floréal an 6, et pour
» arrêter les poursuites du citoyen Laligant, de-
» venu propriétaire des droits de la république
» par la déclaration de command faite en sa
» faveur par Vienaylland), pour le paiement
» solidaire des redevances, ils ont soutenu que le
» domaine utile devoit leur appartenir; que c'est
» de cette prétention de n'être assujétis au paie-
» ment d'aucune redevance , autant que celle
» d'empêcher la vente et de conserver les fonds;
» que les demandeurs ont été déboutés par les
» arrêtés des 16 germinal an 7 et 25 ventose an 8,
» confirmés par ceux des consuls des 27 brumaire
» an 9 et 11 messidor an 10, qui ont tous ordonné
» l'exécution de la vente et envoyé l'acquéreur
» en possession; qu'il suit de là que le premier
» moyen, fondé sur ce que les arrêtés de l'autorité
» administrative n'avoient pas jugé que les rede-

» vances devoient être payées, n'est pas fondé;
» et qu'au contraire sa base est détruite par les
» actes, titres, arrêtés, et par les oppositions
» mêmes des demandeurs; attendu 2°. que les
» motifs employés par les autorités administra-
» tives pour démontrer que les lois des 25 août
» 1792 et 17 juillet 1793 ne pouvoient recevoir
» d'application au cas où les possesseurs des fonds,
» loin d'en être propriétaires incommutablement,
» n'opposoient que des baux à ferme emphytéo-
» tiques qui excluoient toute idée de propriété,
» n'ont plus permis aux tribunaux de se livrer à
» l'examen de quelques-unes des clauses desdits
» baux, etc. (1). »

La question a été décidée dans le même sens,
par un décret impérial du 25 nivose an 13, dont
voici les termes :

« *Napoléon*, Empereur des Français, sur le
» rapport du ministre des finances; vu la demande
» des sieurs Jubé, Pluget, etc., propriétaires,
» au territoire d'Aix, département des Bouches-
» du-Rhône, tendante à être déchargés des rentes
» imposées sur leurs propriétés, sises aux quar-
» tiers de Deffant et Valeras, au profit du cha-
» pitre de l'église d'Aix, et appartenant mainte-
» nant à la république, comme étant, lesdites
» rentes, mélangées de féodalité; subsidiaire-
» ment à obtenir la remise des arrérages jusques
» et compris l'an 11, attendu la persuasion où

____

(1) Voyez les Questions de Droit de M. Merlin, 2ᵉ ÉDITION,
verb. emphytéose, §. 1.

» ils ont dû être que ces rentes étoient suppri-
» mées par la loi du 17 juillet 1793 , et autres
» subséquentes ; vu aussi la déclaration du 2 jan-
» vier 1769 , et le jugement du tribunal civil
» des Bouches-du-Rhône, du 19 germinal an 7 ;
» le conseil d'Etat entendu , décrète, art. 1er : Les
» redevances originairement imposées au profit du
» chapitre de l'église d'Aix, sur les héritages dont il
» s'agit, continueront d'être servies comme rede-
» vances emphytéotiques, et sans la charge des
» *lods* et demi-*lods qui y avoit* été ajoutée, indû-
» ment et sans titre, par les bailleurs. Art. 2. Il
» ne sera fait néanmoins aucune poursuite pour
» le recouvrement des arrérages échus jusqu'au
» 1er vendémiaire an 12 desdites redevances. »

Quelques années après fut rendu le fameux décret impérial du 23 avril 1807, qu'on a rapporté plus haut, et qui a été suivi de trois avis du conseil d'Etat, approuvés par Buonaparte, qu'il faut faire connoître aussi, parce qu'ils sont le complément de la jurisprudence du conseil d'Etat sur la matière des redevances emphytéotiques mélangées de féodalité.

Le premier avis est du 7 mars 1808, il modifie le décret impérial du 17 nivose an 13, ci-dessus rappelé ; il porte :

« Le conseil d'Etat, qui, d'après le renvoi
» ordonné par Sa Majesté, a entendu le rapport
» du ministre de ce département, tendant à
» lever les difficultés qu'éprouve l'exécution du
» décret impérial du 17 nivose an 13, portant

» que les redevances originairement imposées
» au profit du chapitre de l'église d'Aix , sur
» les héritages de divers particuliers, continue-
» ront d'être servies comme redevances emphy-
» téotiques , et sans la charge des *lods* et *demi-*
» *lods* qui y avoient été ajoutés indûment et
» sans titre par les bailleurs;

» Vu ce décret , ensemble les lois , décrets ,
» et les avis du conseil d'Etat approuvés par Sa
» Majesté, sur la suppression du régime féodal ;

» Considérant que le vœu du décret précité,
» n'a point pu être d'ordonner le service des
» rentes auxquelles les lois reconnoîtroient un
» caractère essentiel de féodalité; que si la non-
» féodalité de ces rentes est contestée, la ques-
» tion doit être portée devant les tribunaux ;

» *Est d'avis*, 1°. que la disposition du décret
» impérial du 17 nivose an 13, ci-dessus rap-
» pelée, ne peut s'entendre que de l'emphytéose
» à terme, par laquelle le bailleur, en concé-
» dant la jouissance, se réserve la propriété, de
» manière qu'elle repose toujours sur sa tête, et
» ne doit pas s'étendre aux titres qui, qualifiés
» d'emphytéose perpétuelle , abandonnent en-
» semble la jouissance et la propriété : ce qui
» n'est autre chose qu'une aliénation absolue,
» qui fait reposer la propriété sur la tête de
» l'acquéreur à pareil titre ;

» 2°. Qu'à l'égard des redevances créées par
» des emphytéoses perpétuelles, elles doivent
» être considérées comme abolies, toutes les fois

» que des titres y relatifs, il résulte que ces rede-
» vances sont ou récognitives de la seigneurie
» directe réservée par le bailleur, ou mélangées
» de droits récognitifs de cette seigneurie, et
» qu'en tout autre cas, les redevances sont
» maintenues ;

» 3°. Que si, d'après ce principe, il existoit
» encore des contestations sur la question de féo-
» dalité desdites rentes, originairement dues au
» chapitre de l'église d'Aix, et aujourd'hui
» transférées aux hospices de la même ville, c'est
» aux tribunaux qu'il appartient de les juger ;

» 4°. Que le présent avis soit inséré au Bulletin
» des Lois. »

Le second avis est du 17 janvier 1809, approuvé par Buonaparte le 2 février suivant, et
inséré dans le Bulletin des Lois. Il est encore
rendu sur la réclamation des hospices d'Aix.

« Le conseil d'Etat, qui, en exécution du
» renvoi ordonné par Sa Majesté, a entendu le
» rapport des sections réunies des finances et de
» législation, sur le nouveau rapport du ministre
» des finances, relatif aux réclamations de la
» commission administrative des hospices d'Aix,
» au sujet des redevances emphytéotiques, ap-
» partenant auxdits hospices, et imposées sur
» les héritages concédés originairement par le
» chapitre de l'église d'Aix, sous la réserve de
» la seigneurie directe, et avec stipulation des
» droits de lods et ventes ou demi-lods, lesdites
» réclamations tendantes à faire interpréter l'avis

» du conseil d'Etat, du 7 mars 1808, approuvé
» par Sa Majesté ; vu le susdit avis du conseil
» d'Etat, ensemble le décret impérial du 25 ni-
» vose an 13, les avis du conseil d'Etat des 13
» messidor an 13 et 25 avril 1807, approuvés
» par Sa Majesté, les lois et décrets impériaux,
» et les avis du conseil d'Etat approuvés par Sa
» Majesté, relatifs à l'abolition de la féodalité,
» *est d'avis* que la réclamation des hospices
» d'Aix n'est pas fondée, attendu que toutes
» les redevances perpétuelles établies par des
» titres qui portent en même temps, soit stipu-
» lation de lods et ventes ou *demi-lods*, soit
» réserve de la seigneurie directe, sont com-
» prises dans les abolitions sans indemnité, pro-
» noncées par les lois antérieures, quelle que
» soit la *dénomination du titre*, ou la *qualité*
» *de la personne au profit de qui les redevances*
» *ont été établies.* »

Le dernier avis conseil d'Etat est du 8 avril
1809, approuvé par l'empereur le 13 du même
mois. Voici ses termes :

« Le conseil d'Etat, qui, d'après le renvoi
» ordonné par Sa Majesté, a entendu le rapport
» de la section des finances, sur celui du ministre
» de ce département, tendant à faire statuer sur
» les réclamations des maires des communes du
» Val-de-Belmont, et de la prévôté de Moutier-
» Granval, contre une décision ministérielle, du
» 23 floréal an 11, qui autorise l'administration
» des domaines à poursuivre le paiement des

» arrérages des redevances affectées sur les biens
» donnés en emphytéose dans le ci-devant
» évêché de Bâle et le pays de Porentruy; vu
» l'avis du conseil d'Etat, du 8 mars 1808, ap-
» prouvé par Sa Majesté, le 14 dudit mois, en-
» semble les lois abolitives de la féodalité; vu
» pareillement l'avis du 17 janvier 1809, ap-
» prouvé par Sa Majesté le 2 février suivant,
» relatif aux réclamations des hospices d'Aix,
» sur des redevances de cette nature ; considé-
» rant que les titres joints aux réclamations des-
» dites communes, présentent des *emphytéoses*
» *perpétuelles*, consenties par les bailleurs à
» titre *de fiefs*, sous la *réserve de la seigneurie*;
» et avec la stipulation de *lods et ventes à*
» *chaque mutation*, est d'avis que les emphy-
» téoses existantes dans le ci-devant évêché de
» Bâle et dans le pays de Porentruy, et aux-
» quelles se rapporte la décision ministérielle
» du 23 floréal an 11, sont comprises dans l'abo-
» lition de la féodalité, et que les dispositions
» de l'avis du 2 février dernier leur sont appli-
» cables. »

Les principes qui sont le fondement des différens avis du conseil d'Etat qu'on vient de rapporter, sont encore consacrés par un autre avis
du conseil d'Etat, du 22 juillet 1809, approuvé
par Buonaparte, le 29 août suivant, concernant
les rentes connues dans la Toscane, sous le nom
de *livelli.*

Par cet avis le conseil d'Etat s'est proposé

deux choses : la première, de décider « si les
» rentes dites *livelli*, dans les départemens de la
» Toscane, dues par les preneurs à titre d'em-
» phytéose, et payables par les tenanciers, soit
» en argent, soit en prestation de denrées,
» doivent être considérées comme abolies par
» suite des lois sur le régime féodal, lorsque
» les titres constitutifs de ces rentes portent des
» clauses de reconnoissance de la seigneurie
» directe, de lods et demi-lods et de retour. »
La seconde, si, en supposant l'affirmative, il n'y
avoit pas des raisons politiques qui dussent faire
fléchir le principe général en faveur des créanciers de *livelli*, et par conséquent faire excepter,
à cet égard, la ci-devant Toscane de la rigueur
des règles communes à tout l'empire français.

Sur le premier objet, le conseil d'Etat a considéré, entr'autres choses, « qu'on ne peut élever
» de doute sur la nature féodale de ces rentes,
» si l'on considère que, quoiqu'elles portent le
» nom de *livelli*, et soient établies par des actes
» nommés *baux emphytéotiques* ; cependant,
» comme elles ne sont pas consenties par des
» baux à terme limité, et que la propriété re-
» pose sur la tête du preneur dans les emphy-
» téoses à temps indéfini, ces baux emphytéo-
» tiques ont dû être rangés dans la même classe
» que les actes d'afféagement, et tous autres actes
» sous diverses dénominations, par lesquels un
» fonds étoit concédé à la charge d'une rente et
» de reconnoissance de seigneurie directe, *ou*

» droit de lods et ventes, *ou de retour, ou re-*
» *trait seigneurial ; qu'il est de jurisprudence*
» *constante, dans toute l'étendue de l'empire,*
» *que la reconnoissance de la seigneurie directe*
» *et la stipulation du paiement des lods et demi-*
» *lods*, entraînent l'abolition des rentes ; — que
» plusieurs avis du conseil d'Etat, approuvés par
» Sa Majesté, ont confirmé ce principe en fa-
» veur des emphytéotes perpétuels du Jura, des
» pays de Bâle, de Porentruy et d'Aix ; que
» les avis du conseil d'Etat, approuvés par Sa
» Majesté, ont même décidé que le bailleur ne
» pouvoit jamais être admis à prouver, contre
» la teneur du titre contenant de pareilles ré-
» serves, qu'il n'avoit jamais possédé les objets
» cédés à titre de seigneurie.

» En conséquence le conseil d'Etat est d'avis
» que les rentes dites *livelli*, dues en Toscane
» par les détenteurs par baux emphytéotiques,
» sans terme limité, portant *reconnoissance de*
» *seigneurie directe* ou *de lods et demi-lods*, ou
» *de retour*, sont, d'après les lois générales de
» l'empire, abolies sans indemnité. »

Mais en même temps, et sur ce second objet
de sa délibération, le conseil estime, d'après des
considérations politiques, absolument particulières à la Toscane, « qu'il y a lieu de faire
» (pour ce pays) une exception qui maintienne
» les rentes dites *livelli*, comme simples rentes
» foncières, soumises à une retenue par le dé-
» biteur pour la contribution foncière. »

Cet avis fut soumis à l'approbation de Buonaparte qui, le 29 août, en adopta le résultat par un décret portant que « les rentes dites *li-* » *relli*, constituées par baux emphytéotiques à » perpétuité, continueront d'être payées, sans » que les débiteurs puissent être tenus des re-» connoissances de seigneurie, de paiement de » lods et ventes, et du droit de retour ; mais la » retenue pour contributions foncières aura lieu » au profit du débiteur, comme débiteur de » simple rente foncière. »

On dit que ce décret a adopté le résultat de l'avis du 22 juillet ; et cela est évident ; car, déclarer que les débiteurs des *lirelli* ne seront plus considérés que comme débiteurs de simples rentes foncières, et que cependant ils seront déchargés *des reconnoissances de seigneurie, des lods et ventes, et du droit de retour*, c'est décider bien clairement que la reconnoissance de seigneurie, les lods et ventes et le droit de retour sont des droits tenant à la féodalité ; qu'en règle générale le mélange d'un seul de ces droits aux *lirelli*, devroit faire considérer ces ventes comme supprimées ; et que ce n'est que par une exception spéciale pour la Toscane, que nonobstant ce mélange, elles sont maintenues comme si elles avoient été purement foncières dans leur origine.

Voilà le dernier état de la jurisprudence du conseil d'Etat, sur les redevances emphytéotiques, mélangées de signes de féodalité ; et on peut dire, en parlant plus exactement, que c'est le dernier état de la législation ; car, comme on le verra, ces avis et ces décrets avoient la même autorité que la loi.

Les arrêts de la cour de cassation, dont on va rendre compte, feront connoître le respect que les tribunaux leur portoient.

———

Dernier état de la Jurisprudence de la Cour de Cassation, en matière de Redevances emphytéotiques mélangées de signes de féodalité.

Premier arrêt. Par acte du 3 décembre 1765 , le sieur Barris, *seigneur du fief de la Roche,* cède à Charraud deux moulins, l'un à vent, et l'autre à eau.

Pour prix de cette concession, il est créé une rente de huit setiers de seigle, et cette rente est stipulée *foncière,* et *non autrement.*

La concession est faite en outre à la charge par le preneur de tenir le moulin à vent, *censivement du fief de la Roche, appartenant audit seigneur.*

La rente de huit setiers de seigle étoit-elle *féodale,* ou *mélangée de féodalité ?*

Elle n'étoit pas féodale ; car elle n'étoit pas par elle-même recognitive de la *directe seigneurie.*

Mais y avoit-il mélange de féodalité, en ce que le preneur avoit reconnu tenir le moulin *censivement du fief de la Roche, appartenant au bailleur ?*

La cour d'appel d'Angers avoit déclaré cette redevance affranchie de la suppression, par le motif qu'elle devoit être réputée *purement foncière*.

Cette décision a été cassée le 2 mars 1808, par un arrêt au rapport de M. le conseiller Bauchau, ainsi conçu :

« La cour, vu l'art 1er de la loi du 17 juillet
» 1793, et le décret du 7 ventose an 2; et *con-*
» *sidérant* que si dans l'acte du 5 décembre
» 1765, il a été convenu que la rente seroit
» *foncière*, et *non autrement*, il a été stipulé
» aussi et dans la suite du même acte, que le
» moulin à vent vendu aux Charraud, et hypo-
» théqué pour ladite rente, seroit tenu par les
» preneurs, *censivement du fief de la Roche*,
» appartenant au bailleur, que le sieur Barris
» représente; que de cette dernière clause il ré-
» sulte bien évidemment que la rente en ques-
» tion a été créée avec mélange de signes de
» seigneurie ou de féodalité, et conséquemment
» qu'elle est du nombre de celles qui ont été
» supprimées par la loi du 17 juillet 1793; et
» qu'en prononçant en sens contraire, la cour
» d'appel d'Angers a violé ladite loi, et le dé-
» cret du 7 ventose an 2 : casse, etc. »

Deux autres arrêts de la cour de cassation, des 2 mai 1808 et 30 mai de la même année, le premier rapporté dans le Répertoire de Jurisprudence, *verb. rente seigneuriale*, §. 2, n°. 6, le second rapporté dans le *Bulletin civil de la*

cour de cassation (on les a rapportés ci-dessus),
ont jugé qu'il suffit que dans la concession d'un
héritage et la création d'une rente foncière, on
ait stipulé des lods et ventes, ou *demi-lods*,
pour que les rentes foncières soient abolies.

Second arrêt. La cour de cassation a cassé plusieurs arrêts de la cour d'appel de Colmar, qui
avoient déclaré non abolies des redevances créées
par des emphytéoses perpétuelles dans le ci-devant évêché de Bâle et le pays de Porentruy.
Voilà les motifs d'un arrêt du 5 juillet 1809,
rendu au rapport de M. le conseiller Babille, et
d'après les conclusions de M. l'avocat général Daniels, sur le pourvoi du sieur The-
venot.

« Vu l'art. 1ᵉʳ de la loi du 18 juin 1792, et
» l'art. 1ᵉʳ de celle du 17 juillet 1793 : vu aussi
» les différens avis du conseil d'Etat, dûment
» approuvés, des 13 messidor an 13, 2 février
» et 15 avril 1809, et le décret impérial du 23
» avril 1807, aux termes desquels toute rede-
» vance, quelle qu'elle soit, *seigneurale ou non*,
» est supprimée sans indemnité, quand elle est
» mélangée de féodalité, et quelle que soit d'ail-
» leurs la qualité de celui au profit duquel elle
» a été constituée, et quand même il ne seroit
» pas seigneur de l'héritage grevé de cette re-
» devance, s'il s'est annoncé comme *seigneur*,
» dans l'acte constitutif de cette redevance ; et
» attendu, en droit, que de la combinaison de
» ces lois, de ce décret impérial et de ces avis

» du conseil d'Etat, dûment approuvés, il ré-
» sulte que l'intention évidente du législateur
» est de frapper du même anathème, et de sou-
» mettre à la suppression sans indemnité, nou-
» seulement les redevances emphytéotiques per-
» pétuelles, qualifiées seigneuriales, quoiqu'elles
» ne pussent pas l'être, ainsi que celles auxquelles
» cette dénomination appartenoit réellement,
» mais encore celles déclarées foncières, mais
» à l'occasion desquelles ceux qui les avoient
» constituées s'étoient dits *seigneurs*, encore
» bien qu'ils ne le fussent pas, et n'eussent, sur
» les héritages grevés de ces redevances, aucun
» droit de seigneurie : qu'il suffit même, pour
» cette suppression, que ces redevances, quoique
» foncières, et encore bien que celui qui les a
» constituées ne se fût pas dit *seigneur*, fussent
» accompagnées ou mélangées de charges féo-
» dales ; parce que là où le titre n'est point
» équivoque, il n'est besoin d'aucun examen ul-
» térieur ; et que ce point de législation, déjà
» même certain pour le pays de Porentruy,
» d'après le décret impérial et les avis du conseil
» d'Etat ci-dessus, est devenu incontestable pour
» ce pays, surtout depuis l'avis du conseil d'Etat
» du 9 avril dernier, approuvé le 13, et rendu
» précisément pour ce pays. »

Troisième arrêt. Par acte notarié du 4 août
1388, le chapitre de l'église cathédrale d'Aoste
concéde à Pierre de Pallené deux pièces de terre
situées dans la paroisse de Chevrot, et une prise

d'eau, pour être possédées par lui à titre de fief direct et perpétuel, *ad rectum et perpetuum*, avec faculté de l'inféoder, concéder, ou autrement aliéner au profit de qui il lui plairoit, pourvu que ce ne fût pas une personne plus puissante qu'il ne l'étoit lui-même: *pro se cui vel quibus infeudare, concedere vel quocumque modo alienare voluerit, perpetuò et successivè, salvo fortiori domino dicto Petro de Palleno*, et de les transmettre, à défaut de concession, inféodation ou autre aliénation, à ses héritiers de l'un et de l'autre sexe.

Cette concession fut faite à la charge d'un cens ou redevance de quatre minds de seigle et de huit setiers de blé, d'un *servis* de douze deniers, et de deux sous *de plait*, lorsqu'il y auroit lieu: *Et hoc videlicet pro quatuor modiis seliginis pulchræ receptibilis, et pro octo sextariis boni, pulchri et receptibilis frumenti de censu quolibet anno de sancto Michaele dandis et solvendis ad legales emissos civitatis Augustæ; pro duodecim denariis servitii annualis in Sancto Martino dandis et solvendis et pro duobus solidis placiti, quando acciderit, dandis et solvendis.*

Le 7 mai 1805, le chapitre d'Aoste forma, contre les détenteurs des biens concédés par l'acte du 4 août 1388, une demande en paiement des arrérages échus de la redevance stipulée dans cet acte de concession.

Le 13 juillet 1716, et le 16 novembre 1763, les possesseurs des deux pièces de terre et de la prise d'eau , en passèrent devant notaires des reconnoissances, au moyen desquelles le chapitre d'Aoste a *investi*, *réalbergé* et *réinféodé* les fonds qu'ils tenoient à titre de fief.

Ceux-ci prétendirent que la redevance étoit abolie comme mélangée de féodalité. De son côté le chapitre soutint , que les mots *feudum rectum et perpetuum* qui se trouvoient dans l'acte, étoient synonymes d'emphytéose , et que , par suite , la redevance dont il s'agit n'étoit pas féodale, mais emphytéotique et purement foncière.

Le 10 mars 1806, jugement du tribunal de première instance d'Aoste , par lequel ce tribunal déclare non abolie la redevance dont il s'agit, attendu que dans le val d'Aoste, le mot *fief*, comme dans la ci-devant Bourgogne dont ce pays a fait anciennement partie, ne désignoit par lui-même qu'une emphytéose ; que pour qu'il y désignât un fief proprement dit , il falloit qu'à la concession en fief fût opposée la charge de la foi et hommage ; qu'aussi distinguoit-on dans ce pays les *fiefs hommagés* des *fiefs non hommagés*; que les premiers étoient des fiefs véritables , mais que les seconds n'étoient que des biens emphytéotiques ; que , par suite de cette distinction, *seigneurs directs* ne désignoient par eux-mêmes que le bailleur d'une emphytéose ou *maître* ; qu'ils ne pouvoient désigner un *seigneur féodal* dans le sens attaché à ces mots par le droit commun, que dans le cas où la seigneurie directe emportoit, pour ceux qui y étoient assujétis , l'obligation de la foi et hommage ; que ni l'acte primitif de 1388, ni les deux reconnoissances de 1716 et 1763, ne prescrivent aucune forme de *fidélité*, ni le *fief-lige*, ni la descendance des mâles, circonstances qui caractérisent le vrai fief ; que d'ailleurs il n'est nullement prouvé que le chapitre ait possédé aucun fief ou juridiction à Grenan, ni que les deux pièces de terres acensées aient fait partie d'un fief.

Appel de ce jugement de la part des tenanciers, et le 10 juillet 1807, arrêt de la cour d'appel qui, adoptant les motifs du jugement, dit qu'il a été bien jugé.

Cet arrêt n'ayant pas été attaqué par les parties, M. le procureur-général en a demandé la cassation dans l'intérêt de la loi.

M. le procureur-général, dans le réquisitoire qu'il donna à la cour, et qui est rapporté dans ses Questions de Droit, *verb. Rente foncière, Rente seigneuriale*, §. 14, retraçoit les différens avis du conseil d'Etat que nous avons rapportés, et il terminoit son réquisitoire par ces paroles :
« D'après des décisions aussi formelles, que
» faut-il dans notre espèce, pour que la rente
» maintenue par l'arrêt de la cour d'appel de
» Turin, du 10 juillet 1807, doive être consi-
» dérée comme abolie par la loi du 17 juillet
» 1793 ? Rien autre chose, si ce n'est que l'acte
» du 4 août 1388, même en lui supposant la dé-
» nomination de bail emphytéotique, contienne
» de la part du chapitre d'Aoste, ou la réserve

» de la seigneurie directe , ou la stipulation d'un
» droit de lods et ventes à chaque muta-
» tion.

» Or, non-seulement l'acte du 4 août 1388.
» contient à la fois et cette réserve et cette sti-
» pulation (car le droit de plait équivaut indu-
» bitablement au droit de lods et ventes), mais
» il n'est pas même qualifié de bail emphytéo-
» tique ; mais, au contraire , il porte la dénomi-
» nation expresse de bail à *fief direct et perpétuel,*
» mais il accole à la stipulation d'une redevance
» en grains, celle d'un *servis* en argent, c'est-à-
» dire, d'une prestation qui , de sa nature , est
» comme le cens dans la coutume de Paris, reco-
» gnitif de la directe seigneuriale.

» Il y a donc dans l'acte du 4 août 1388, beau-
» coup plus de signes de féodalité qu'il n'en faut
» pour faire regarder comme abolie par la loi
» du 17 juillet 1793 , la rente que la cour de
» Turin a jugé n'avoir pas été atteinte par cette
» loi. »

Conformément à ce réquisitoire , il a été rendu
le 10 juillet 1810, un arrêt en ces termes : « Vu
» l'art. 1er de la loi du 17 juillet 1793 , l'art. 3,
» tit. 26 liv. II , de la coutume du val d'Aoste ,
» et l'art. 88 de la loi du 27 ventose an 8 ; et
» attendu que les lois abolitives de la féodalité
» ont été publiées dans le ci-devant Piémont; qu'il
» en résulte que la qualité du bailleur à cens ne
» peut être prise en aucune considération , non
» plus que la qualité des fonds acensés, pour

» juger la question de savoir si les redevances
» imposées sont supprimées sans indemnité ; qu'il
» suffit d'examiner si elles ont été qualifiées féo-
» dales, ou si elles se trouvent entachées de quel-
» ques signes de féodalité ; que, dans ces deux
» cas, elles rentrent nécessairement dans les
» dispositions abolitives desdites lois ; que cette
» manière de les appliquer est la seule qui soit
» permise, puisque c'est l'intelligence qu'en ont
» donnée les décrets impériaux intervenus sur la
» matière ; que vainement la cour d'appel de
» Turin s'est fondée, pour maintenir les rede-
» vances et droits réclamés par le chapitre
» d'Aoste, en vertu de son titre d'acensement
» du 4 août 1388, de ce que le chapitre n'étoit
» pas seigneur du territoire sur lequel se trou-
» voient assis les fonds acensés, et de ce qu'en
» jouissant en franc-alleu, il n'avoit pu leur im-
» primer le caractère féodal, ni conséquemment
» celui de seigneuriales, aux redevances dont il
» les grevoit ; que la cour d'appel de Turin le
» pouvoit d'autant moins, que la coutume du val
» d'Aoste, sous l'empire de laquelle avoit été fait
» l'acensement, et avoient été passés les recon-
» noissances et réalbergages des 13 juillet 1716
» et 16 novembre 1763, autorisoit de la manière
» la plus expresse, le propriétaire d'un franc-alleu
» de l'ériger en fiefs, et d'imposer au preneur
» *tels devoirs réels et personnels* que bon lui sem-
» bloit ; que si le chapitre d'Aoste n'étoit pas
» réellement seigneur du territoire sur lequel

» étoient situés les fonds acensés par l'acte du 4
» août 1388, il avoit usé du droit qui lui étoit
» accordé par la coutume, en érigeant en fiefs
» les fonds qu'il acensoit, et en leur imposant
» des devoirs et droits féodaux, tels que ceux
» de *plait* et de servis ; que, quand la concession
» faite par le chapitre à Pierre de Pallène, ne l'au -
» roit pas été *ad rectum et perpetuum feudum*,
» il suffiroit que la redevance dont il fût chargé,
» se trouvât mélangée de droits et devoirs sei-
» gneuriaux, pour que la suppression sans indem-
» nité dût en être prononcée ; que cela est établi
» d'une manière sans réplique au réquisitoire de
» M. le procureur général ; qu'il ne peut dès lors
» y avoir difficulté de casser l'arrêt dénoncé ,
» tant pour violation des lois abolitives de la
» féodalité, que pour violation de l'article cité
» et ci-dessus transcrit de la coutume du val
» d'Aoste, etc. »

Quatrième arrêt. Par lettres - patentes du 10
septembre 1706, Louis XIV avoit accordé à
l'hospice de la Charité de Dôle, un terrain contenant deux jours un tiers et trente perches, fai-
sant partie des glacis et anciennes fortifications
de cette ville.

Le 2 juillet 1742 , acte par lequel l'hospice de
Dôle a abandonné à Claude-Antoine Pengon , et
à Hugues Vergnet, une partie de terrain, « à
» titre d'acensement perpétuel , et moyennant
» le cens annuel , perpétuel , irredevable et im-
» prescriptible de 91 l. 16 s. 8 d. emportant lods

« et ventes, et retenue en cas de vente, échange
» ou aliénation. »

D'après une clause de cet acte, l'acensement
ne devoit durer que pendant le temps qu'il plairoit au Roi de laisser jouir l'hospice de Dôle de
l'effet des lettres-patentes du 10 septembre 1706;
et que si S. M. venoit à rentrer dans les glacis,
les preneurs ne pourroient prétendre aucun autre
dédommagement que la décharge du cens.

L'hôpital de Dôle a perçu les droits de lods
et ventes sur l'adjudication qui fut faite de ces
biens au sieur Barraut, par décret judiciaire du
16 juillet 1775, et la redevance stipulée par l'acte
de concession, lui a été payée par le sieur Barraut, jusqu'à l'époque de la publication des lois
abolitives des droits féodaux. Depuis, le sieur
Barraut a refusé le service de cette rente, pré-
tendant qu'elle étoit féodale, ou du moins mélangée de féodalité, et comme telle, comprise
dans la suppression.

Les administrateurs de l'hôpital ont, au contraire, demandé la continuation de la redevance,
sur le fondement que l'hôpital n'avoit pas la seigneurie du terrain acensé, et que sa jouissance
n'étoit que précaire, puisque, par le contrat
d'acensement, il étoit dit qu'elle ne devoit durer
qu'autant qu'il plairoit au Roi de laisser jouir
l'hôpital des effets des lettres patentes du 10 septembre 1706.

Le 20 janvier 1807, jugement du tribunal civil
de Dôle, qui condamne Barraut au paiement de

la redevance, par le motif que l'hôpital n'ayant jamais été seigneur de Dole, la condition d'emporter *lods et retenue*, n'avoit pu dénaturer la qualité du fonds, ni lui imprimer un caractère féodal; et qu'ainsi le cens réclamé ne pouvoit être considéré que comme une rente purement foncière.

Appel; et le 13 avril 1809, arrêt par lequel la cour d'appel de Besançon a dit qu'il avoit été bien jugé par le tribunal de première instance, entre autres motifs, parce que les stipulations de *lods et retenue* qui peuvent, en certains cas, être féodales, ne l'étoient point dans le contrat de 1742, puisqu'elles n'étoient pas faites en faveur d'une personne revêtue du titre de seigneur, ni même prenant cette qualité; qu'ainsi on ne pouvoit les considérer que comme émanant du droit romain, qui, dans la loi, au Code *de jure emphyteutico*, établit les lods et retenue comme étant de droit commun dans les emphytéoses.

Le sieur Barraut se pourvoit en cassation; et le 17 juillet 1811, intervient arrêt au rapport de M. le conseiller Rousseau, ainsi conçu :

« La Cour, sur les conclusions conformes de » M. l'avocat-général Jourde, et après en avoir dé- » libéré en la chambre du conseil; vu les lois abo- » litives de la féodalité, l'avis du conseil d'Etat du » 15 messidor an 13, et notamment le décret im- » périal du 23 avril 1807; vu encore la loi du 14 » ventose an 7, articles 5 et 25, et l'avis interpré- » tatif, approuvé par S. M. le 23 fructidor an 13;

» et attendu qu'il s'agit dans la cause d'une con-
» cession de terrein dépendant des fossés, glacis
» et anciennes fortifications de la ville de Dôle,
» objets rangés dans la classe des petits domaines,
» dont les concessions ont toujours été regardées
» comme irrévocables lorsqu'elles ont été faites
» avec les formalités requises, et que les condi-
» tions ont toujours été remplies; que la loi du 14
» ventose an 7 a rendu hommage à ce principe,
» en confirmant ces concessions purement et
» simplement; que rien ne justifie qu'il y ait eu
» clause de retour insérée aux lettres-patentes
» du 10 septembre 1706; que l'on s'est borné à
» représenter l'acte du 2 juillet 1742, qui annonce
» seulement, de la part de l'hôpital concession-
» naire, la crainte que le Roi n'abusât de sa puis-
» sance pour révoquer l'abandon fait du terrein
» dont il s'agit, mais qu'il n'énonce point que le
» Roi se fût réservé une pareille faculté; que la
» rétrocession faite à titre perpétuel par cet acte,
» moyennant un cens perpétuel et imprescrip-
» tible, emportant lods et ventes, annonce simul-
» tanément et la confiance d'une pleine propriété,
» et la création d'un droit de féodalité sur le terrein;
» que ce seroit à l'hôpital à rapporter la preuve
» que sa possession étoit précaire; et que, ne la
» rapportant point, il ne lui appartient pas d'éle-
» ver des doutes sur une propriété qui ne lui est
» pas contestée; qu'il suffit que la propriété de
» l'hôpital soit considérée comme absolue, et non
» précaire, pour en induire la possibilité d'une

» création féodale en sa faveur; que les termes
» de l'acte portant constitution de cens impres-
» criptible et irrédimable, avec lods et ventes
» en cas de mutation, ne laissent aucun doute
» sur l'intention de créer une redevance seigneu-
» riale; — que le jugement du bureau des finances,
» du 19 juillet 1780, qui déboute les administra-
» teurs du domaine de l'exercice de la directe
» sur le terrein, sans qu'ils se soient crus néan-
» moins autorisés à révoquer ensuite l'abandon
» fait en 1706, forme une preuve de plus que
» l'hôpital de Dôle avoit la propriété incommu-
» table, et qu'il étoit seigneur, ainsi qu'il s'en
» est qualifié dans un acte d'ensaisinement, déli-
» béré au conseil de l'hôpital, le 19 juillet 1774;
» — qu'au surplus, d'après le décret impérial du
» 23 avril 1807, il n'y a pas lieu d'examiner si
» les fonds sont réellement possédés à titre de
» seigneurie, et qu'il suffit, pour l'abolition des
» redevances, qu'elles soient entachées de féo-
» dalité par leur mélange avec des droits de lods
» et ventes et autres droits supprimés; qu'ainsi, la
» cour d'appel de Besançon a violé les disposi-
» tions de la loi du 17 juillet 1793, et des dé-
» crets interprétatifs des lois sur l'abolition des
» droits féodeaux, — Casse, etc. »

Voilà le dernier état de la jurisprudence de la
cour de cassation sur l'importante matière des
rentes foncières, mélangées de féodalité, et sur
les redevances foncières créées par des baux ou
contrats emphytéotiques. On a vu que cette ju-

risprudence, par une extension arbitraire donnée aux lois des 25 août 1792, et 17 juillet 1793,
déclaroit abolies sans indemnité, non-seulement
les rentes foncières et les redevances emphytéotiques mélangées de féodalité, mais encore les
rentes et redevances qui, d'après les règles les
plus sûres du régime féodal, ne pourroient être
considérées que comme purement foncières, quoiqu'elles fussent accompagnées de signes apparens
de féodalité.

Cette jurisprudence alloit encore plus loin,
puisqu'elle déclaroit abolies sans indemnité,
même les redevances emphytéotiques qui contenoient des stipulations de lods et ventes, ou
reconnoissance de la directe de la part du preneur, lorsqu'il est prouvé, jusqu'à l'évidence,
que ces stipulations et cette reconnoissance n'a-
voient rien de féodal.

Ainsi, dans la province du Dauphiné et dans
la Provence, où les redevances emphytéotiques
étoient très-usitées, un grand nombre de familles
roturières possédoient des rentes foncières de
cette nature ; elles formoient seules, ou tout, ou
la grande partie du patrimoine d'une foule de
familles dont les auteurs, propriétaires d'héritages
qu'ils possédoient en roture, les avoient concédés à emphytéose pour le prix d'une rente foncière, emportant ou un denier de cens et servis,
ou un chapon en reconnoissance de la directe,
et les droits de lods et ventes à chaque mutation.

Le *servis*, en latin *servitium*, étoit une prestation annuelle, équipollente à ce que, dans la coutume de Paris, on appeloit le *cens seigneurial*. Le savant Laurière, dans son Glossaire, à l'article *servis*, définit ainsi ce mot: « Ce sont les » cens et autres petits devoirs nobles qui sont » dus au seigneur foncier, par les sujets et te-» nanciers des héritages en reconnoissance de la » seigneurie directe. »

Bretonnier, dans ses Observations sur Henrys, liv. 9, chap. 2, quest. 6, donne la même idée du mot *servis* : « Le cens s'appelle servis, qui vient » de *servitium*. L'on joint souvent ces deux mots » ensemble; l'on dit cens et servis: ces deux » mots, pris conjointement ou séparément, ne » signifient que la même chose : l'on appelle les » censitaires tenanciers, parce qu'ils tiennent l'hé-» ritage du seigneur. »

Ce mot *servis* étoit plus particulièrement en usage dans les provinces du Dauphiné et du Lyonnais.

Ces droits n'étoient pas, ne pouvoient pas être des droits seigneuriaux ni féodaux, mais seulement des droits fonciers; cependant, en vertu des avis du conseil d'Etat qu'on a rapportés ci-dessus, ces droits ont été, contre toute jus-tice, assimilés à des droits féodaux ; et les tribu-naux et les cours du royaume, obligés de se conformer à la jurisprudence de la cour de cas-sation, ont décidé que le mélange de ces droits entraînoit les abolitions sans indemnité de la re-devance foncière à laquelle ils étoient joints.

On peut dire la même chose des *lods et rentes*
qui n'étoient pas essentiellement des droits féodaux, comme on la fait voir plus haut, et comme
le prouve l'art. 5 du titre 3 de la loi du 18 décembre 1790, qui porte :

« Lorsque les baux à rente ou à emphytéose
» perpétuelle non-seigneuriale, contiendront la
» condition expresse imposée au preneur et à
» ses successeurs, de payer au bailleur un droit
» de lods ou autre droit casuel quelconque, en
» cas de mutation, et dans les pays où la loi assu-
» jétit les détenteurs audit titre de bail à rente
» ou à emphytéose perpétuelle non-seigneuriale,
» à payer au bailleur des droits casuels aux mu-
» tations, le possesseur qui voudra racheter la
» rente foncière ou emphytéotique sera tenu,
» outre le capital de la rente indiqué en l'art. 2
» ci-dessus, de racheter les droits casuels dûs aux
» mutations; et ce rachat se fera aux taux pres-
» crits par le décret du 3 mai pour le rachat des
» droits-pareils ci-devant seigneuriaux, selon la
» quotité ou la nature du droit qui se trouvera
» dû par la convention en suivant la loi. »

Il résulte clairement de cet article, (comme
le fait remarquer M. Merlin dans le Répertoire
de Jurisprudence, *verb. Rente foncière*, §. 2 art. 1)
qu'une rente foncière a pu être créée avec la
clause expresse qu'elle emporteroit lods et ventes
en cas d'aliénation du fonds, sans, pour cela,
prendre le caractère d'une rente féodale. Cependant la jurisprudence jugeoit abolies sans indem-

nité les redevances foncières quelles qu'elles
fussent, lorsqu'elles étoient jointes à des stipulations de lods et ventes.

Le nombre de familles qui ont été dépouillées
par cette jurisprudence subversive de tout principe
de justice, est immense. Elle a enrichi les tenanciers
au préjudice des anciens propriétaires concessionnaires. Par exemple, un bourgeois non seigneur a
concédé, quelques années avant la révolution,
un héritage, moyennant une rente foncière, qui
lui a été payée par son tenancier, et qui a constamment été reconnue pour être simplement foncière et non féodale; elle a même été acquittée
pendant plusieurs années, après la publication
des lois des 25 août 1792, et 17 juillet 1793.
Tout-à-coup le tenancier,   t de la jurisprudence que les avis du   l'Etat et les
décrets impériaux ont dictés   cuse de continuer le service de la redevance, sous le prétexte
qu'elle a été créée avec un mélange de signes
de féodalité : mais le bailleur à rente n'étoit pas
seigneur; c'étoit un simple roturier, qui n'avoit
jamais pensé à imposer à son tenancier des droits
féodaux, et qui, d'ailleurs, auroit inutilement
stipulé de semblables droits. Cela est vrai, répond
le tenancier : mais le bailleur s'est réservé un
denier de cens et servis, ou un chapon, en reconnoissance de la directe, ou les droits de lods
et ventes. Tous ces droits n'étoient à la vérité,
que des droits non féodaux ni seigneuriaux,
mais purement fonciers quand ils étoient stipulés

par un particulier non seigneur, ou même par
un particulier seigneur, mais sur un immeuble
non sujet à sa seigneurie. Il est vrai qu'il étoit
d'usage de les stipuler dans les contrats emphytéotiques que faisoient des rotureis ais ces
dénominations sont les mêmes que celles qui
étoient employées dans les concessions d'héritages que faisoient les ci-devant seigneurs: l'apparence doit avoir les mêmes effets que la réalité; et comme des lois, iniques il est vrai, des lois
spoliatrices, ont, par des motifs révolutionnaires,
et dans la vue de mettre une barrière au retour
de l'autorité légitime, anéanti sans aucune indemnité les rentes foncières créées par les ci-
devant seigneurs, pour le prix d'une concession
d'héritages avec mélange de féodalité, les rentes
foncières qu'un particulier non seigneur a établies pour le prix de concession d'un immeuble,
doivent aussi être abolies sans indemnité, quand
il a joint à ces rentes des stipulations qui, par
leur nature, ne pouvoient être que foncières,
mais dont le nom, dont la dénomination avoient
quelque ressemblance avec le nom des stipulations employées par les seigneurs.

Voilà comment raisonnoient les tenanciers
pour se soustraire au paiement des redevances
foncières qui avoient été originairement le prix
des immeubles qu'ils possédoient. Ces raisonnemens, tout absurdes, tout contraires qu'ils étoient
à la justice, à la raison, à la loi même du 17
juillet 1793, qui ne déclaroit supprimées que les

rentes ou prestations *féodales*, étoient accueillis
par les tribunaux. Combien de familles de légitimes propriétaires d'héritages concédés tout récemment à bail emphytéotique, et l'année même
qui a précédé la loi, ont été réduites à la misère,
pendant que les tenanciers, les acquéreurs de
leurs biens, en sont devenus propriétaires sans
bourse délier! Y eut-il jamais une plus grande
injustice, une violation plus évidente du droit de
propriété? Et, il faut le redire, les lois révolutionnaires de la convention nationale n'ont jamais
autorisé des vols aussi manifestes. La loi du 17
juillet 1793, qui a aboli sans indemnité toutes
les redevances seigneuriales maintenues par les
lois précédentes, cette loi spoliatrice avoit au
moins maintenu et excepté de l'abolition « les
» rentes ou prestations purement foncières et
» non *féodales*. (Art. 2.) »

Il n'existe aucune loi qui ait prononcé l'abolition des rentes foncières, mélangées de redevances, non-seigneuriales ou féodales en elles-
mêmes, mais dont la dénomination auroit quelque rapport avec celle des redevances seigneuriales ou féodales. Ce système spoliateur n'est
fondé que sur des avis du conseil d'Etat, et des
décrets de Buonaparte; mais ces actes d'un gouvernement arbitraire et despotique, rendus dans
des affaires particulières, pouvoient-ils être
étendus à des cas autres que ceux sur lesquels ils avoient prononcé? pouvoient-ils être
invoqués comme loi pour enlever à des citoyens

leur droit de propriété? Voilà des questions qu'il étoit interdit même de proposer sous le dernier gouvernement. La volonté du maître étoit tout ; les principes conservateurs de la propriété et les lois n'étoient rien ; la volonté de Buonaparte, ou plutôt la volonté de ceux qui commettoient sous son nom les plus grandes injustices, étoit tout ; c'étoit presque un crime que d'examiner si cette volonté n'étoit pas contraire à la loi.

Aussi a-t-on vu que la cour de cassation elle-même avoit été obligée de changer sa propre jurisprudence, consolidée par un grand nombre d'arrêts, d'après les avis du conseil d'Etat et les décrets de Buonaparte, et de donner, par là, à ces actes arbitraires, l'autorité que ses arrêts méritent à si juste titre, et de casser des décisions des cours d'appel qui étoient fondées sur sa propre jurisprudence.

J'ai vu adresser à cette cour célèbre des reproches très-graves sur la variation de sa jurisprudence ; je l'ai entendu blâmer de sa déférence pour des avis du conseil d'Etat et des décrets de Buonaparte, qui ne devoient, dans aucun cas, avoir une autorité législative, et encore moins être la base de la cassation d'un arrêt ; j'ai vu souhaiter que la cour de cassation eût noblement persisté dans sa première jurisprudence, fondée sur la loi et sur la justice, et eût refusé de prendre pour règle de ses arrêts des avis du conseil d'Etat ou des décrets impériaux rendus dans des affaires particulières. Les arrêts rendus

par la cour de cassation auroient eu un tout
autre poids que celui d'un avis du conseil d'Etat,
délibéré par une seule section, et souvent fait
par un seul conseiller d'Etat qui n'étoit pas à
l'abri de toute influence. La résistance de la cour
de cassation, dit-on, eût fait enfin triompher les
vrais principes, et des milliers de propriétaires
n'auroient pas été spoliés dans des formes légales,
sous le ridicule prétexte d'un avis du conseil
d'Etat, donné en interprétation d'une loi dont le
même avis violoit le texte.

Mais ceux qui raisonnent ainsi ne se pénètrent
pas assez de la position très-délicate où se trouvoit la cour de cassation à l'époque où elle fut
forcée par les avis du conseil d'Etat et les décrets
impériaux, de changer sa jurisprudence sur les
rentes et redevances foncières mélangées de
féodalité.

Le respect et la considération que la cour de
cassation avoit inspirés à la nation depuis son
institution, l'éclat dont elle brilloit dans la magistrature, fatiguoient le conseil d'Etat, qui, à diverses reprises, fit les plus grandes tentatives
pour déterminer Buonaparte à la supprimer, et
réunir ses attributions à son conseil d'Etat. D'un
autre côté, les cours d'appel, dont la cour de
cassation réformoit les erreurs, arrêtoit les injustices et les excès de pouvoir, demandoient sa
destruction, sous prétexte que la cour de cassation, en cassant leurs arrêts, diminuoit, dans
l'esprit des peuples, la considération dont les

cours d'appel avoient besoin pour le bien même de la justice : c'étoient la vanité et l'intérêt personnel, qui prenoient le masque de l'intérêt public. Buonaparte ne s'y laissa pas tromper, et, presque seul dans son conseil, il s'opposa à la suppression de la cour de cassation. Son instinct lui faisoit sentir que cette cour suprême étoit indispensable pour arrêter les entreprises des cours d'appel; et on doit dire que la conservation de la cour de cassation a prolongé de quelques années la chute de Buonaparte.

Le despotisme administratif et militaire étoit réuni dans ses mains et dans celles de ses ministres et de son conseil d'Etat, et ce despotisme a produit les maux que nous avons vus. Si, au pouvoir législatif et administratif, qu'il exerçoit souverainement, Buonaparte eût réuni l'exercice du pouvoir judiciaire suprême, par la réunion de la cour de cassation à son conseil d'Etat, le désordre n'eût pas tardé à s'introduire dans l'administration de la justice, comme il s'étoit introduit dans les autres parties du gouvernement; il n'y auroit plus eu qu'un arbitraire révoltant dans la distribution de la justice; et le peuple, plus tôt fatigué du despotisme, qui eût été porté à l'excès, auroit plus tôt secoué le joug sous lequel il étoit opprimé.

Dans cette situation difficile où se trouvoit la cour de cassation, entre le conseil d'Etat et les cours d'appel, qui sollicitoient sa suppression, et Buonaparte auquel on persuadoit qu'il avoit le

droit de la prononcer, par sa seule volonté manifestée dans un sénatus-consulte ou dans un décret
impérial, elle ne pouvoit pas prendre trop de
soin pour éloigner tout ce qui n'auroit pas man-
qué d'être présenté à Buonaparte comme étant,
de sa part, des actes de rébellion à son autorité:
on eût assimilé à un acte de lèse-majesté un
arrêt rendu contre le texte d'un décret impérial,
quelque absurde que ce décret eût été. D'ailleurs
le conseil d'Etat avoit les moyens de rendre illusoire la résistance de la cour de cassation, puisque, d'après la loi du 8 septembre 1807, il avoit
été statué que, lorsque la cour de cassation auroit
annulé deux arrêts ou jugemens en dernier ressort, rendus dans la même affaire, entre les
mêmes parties, et qui auroient été attaqués par
les mêmes moyens, la contestation seroit portée
au conseil d'Etat, qui donneroit une interprétation de la loi, dans la forme des règlemens d'administration publique. Or, cette interprétation,
donnée en apparence par le conseil d'Etat, n'auroit réellement été donnée que par la section de
législation, dont les autres sections auroient
aveuglément adopté le rapport, et, très-proba-
blement, par le même conseiller d'Etat qui avoit
rédigé le décret impérial dont la cour de cassation auroit frondé la disposition. Le plaideur,
dont ces décrets arbitraires enlevoient la propriété, n'auroit rien gagné à la lutte que la cour
de cassation auroit soutenue, et à la suite de
laquelle elle auroit infailliblement succombé aux

attaques qui auroient été renouvelées contre elle ;
et la suppression de cette cour, et sa réunion au
conseil d'Etat, eussent été une véritable calamité
pour la nation, en lui enlevant la seule autorité
judiciaire qui pût réformer les erreurs ou les
injustices des cours d'appel ; car, on sent bien
que le recours au conseil d'Etat, qu'on auroit
conservé contre les décisions de ces cours, n'auroit été, le plus souvent, qu'un remède illusoire.
Les arrêts du conseil d'Etat, rendus à huis clos,
sur un rapport fait hors de la présence des parties ou de leur avocat, et qui n'auroient pas été
préparés par une discussion publique et contra-
dictoire, n'auroient jamais présenté, pour la
sécurité des parties et pour la justice, la même
garantie que les arrêts de la cour de cassation,
qui sont recueillis dans les journaux de jurisprudence, livrés par leur publicité, aux méditations
de tous les magistrats et de tous les jurisconsultes,
et dont la réunion forme un corps de doctrine, qui
supplée au silence ou à l'insuffisance de la loi.

La réunion de la cour de cassation feroit perdre
tous ces précieux avantages. Le conseil d'Etat
obligé de donner aux affaires générales de l'Etat
et aux projets de législation, la plus grande partie
de so. temps seroit nécessairement détournée de
ses fonctions judiciaires : ses décisions étant censées
émaner du Roi, séant dans son conseil d'Etat,
le respect dû à la majesté royale s'opposeroit à
ce qu'on les discutât avec une entière liberté. Ce
n'est pas tout encore : les juges sont indépendans

du Roi, ils sont inamovibles, les conseillers d'Etat ne le sont pas; le pouvoir judiciaire suprême ne seroit plus indépendant; le peuple n'auroit plus de garantie dans les magistrats, qui seroient placés dans le dernier degré de a hiérarchie judiciaire; on perdroit jusqu'à l'opinion de l'indépendance de la justice. C'est bien assez pour la conservation des prérogatives de l'autorité royale, que les juges soient à la nomination du Roi; leur inamovibilité peut seule être la garantie des sujets dans les procès qu'ils peuvent avoir avec l'Etat, dont le Roi est le suprême administrateur.

Pour apprécier les avantages que la nation et la justice ont rétirés de la conservation de la cour de cassation, il suffit de consulter les personnes qui ont malheureusement été obligées de plaider au conseil d'Etat sous le gouvernement de Buonaparte : elles diront combien et à quel point les abus s'étoient introduits dans cette juridiction, et avec quelles anxiétés on redoutoit ses décisions, même sur les questions les plus justes et les plus sûres (1).

---

(1) Ceux qui pourroient douter des maux que la réunion de la cour de cassation au conseil d'État de Buonaparte auroient entraînés, n'ont qu'à lire l'excellent ouvrage de M. Pichon *sur l'État de la France sous la domination de Buonaparte.* La nation entière doit des remercîmens à ce vertueux citoyen pour n'avoir pas craint de dévoiler avec autant de talent que de force et de vérité les abus monstrueux du gouvernement de Buonaparte, et de s'exposer par là au ressentiment d'un grand nombre d'agens de ce gouvernement, en place encore aujourd'hui, dont il fait courageusement connoître au public toute la turpitude.

Concluons donc , que, loin d'adresser des reproches à la cour de cassation pour n'avoir, pas maintenu la première jurisprudence qu'elle avoit adoptée sur les rentes foncières mélangées de féodalité, jurisprudence qu'elle n'auroit pu conserver après les avis du conseil d'Etat et les décrets impériaux de Buonaparte, sans élever entre elle et le conseil d'Etat une lutte qui eût amené sa suppression, on doit, au contraire, louer sa sagesse, à laquelle nous devons la conservation de cette institution protectrice des lois, et conservatrice des droits et de la propriété des citoyens. Il est vrai que cette conservation a été achetée par la ruine d'un grand nombre de familles, que le dernier état de la jurisprudence de la cour de cassation a privé des redevances foncières qui formoient leur patrimoine; mais, outre qu'on pourroit dire que c'est un sacrifice particulier fait pour l'utilité de tous, on peut encore répondre que la résistance de la cour de cassation n'eût pas arrêté l'injustice que le conseil d'Etat avoit décrétée, et d'ailleurs, que cette injustice pourroit facilement être réparée par une disposition législative.

Au reste, ce qui prouve sans réplique la répugnance avec laquelle la cour de cassation faisoit l'application des avis du conseil d'Etat et des décrets impériaux sur l'abolition des rentes foncières mélangées de féodalité, c'est que très-souvent quand elle a cru pouvoir éluder leur application, elle en a saisi les occasions. Parmi plusieurs arrêts qu'elle a rendus, et qui prou-

vent cette assertion, il suffira d'en retracer
deux.

Par le premier de ces arrêts, qui est à la date
du 19 janvier 1809, rendu sur les conclusions
de M. le procureur-général Merlin, au rapport
de M. Bazire, la cour a décidé que dans la ci-
devant Normandie on ne devoit pas regarder
comme abolie, par la loi du 17 juillet 1793, une
rente que s'étoit réservée par un bail à cens,
antérieur aux lois du 4 août 1789, celui au profit
duquel le domaine féodal qu'il avoit concédé
par cet acte, avoit été sous-inféodé sans autori-
sation spéciale du Roi. Voilà en quels termes :

« Attendu que, dans l'espèce, le titre consti-
» tutif de la redevance ne présente aucune am-
» biguité ; attendu qu'il en résulte évidemment
» que les bailleurs à rente n'étoient pas seigneurs;
» qu'il y est même formellement déclaré qu'ils
» ne l'étoient pas ; attendu que toutes les stipu-
» lations féodales contenues dans l'acte du 5
» mars 1786 étoient subordonnées à l'événement
» d'une érection future en fief, érection qui n'a
» jamais eu lieu ; attendu qu'au défaut de cette
» érection éventuelle, la rente stipulée est néces-
» sairement restée roturière et foncière; et qu'en
» le jugeant ainsi, le tribunal civil de Valognes
» n'a contrevenu ni aux lois des 17 juillet, 2
» octobre 1793, et 7 ventose an 2, ni aux avis
» du conseil d'État approuvés par sa majesté
» impériale, des 30 pluviose an 11, 13 messidor
» an 13, et 23 avril 1807 ; la cour rejette, etc. »

Le 2ᵉ arrêt a été rendu dans l'espèce suivante :

Le 10 avril 1785, acte notarié par lequel M. le duc d'Orléans acense à Pierre Choron un moulin banal, situé à Béthisy-Saint-Pierre, moyennant une redevance annuelle et d'autres droits féodaux ; et, en outre, à la charge de payer à qui de droit deux cent huit mines de blé de rente foncière, dont ledit moulin est grevé.

Le 13 nivose an 10, l'administration de l'enregistrement et des domaines décerne contre Pierre Choron une contrainte en paiement de 9,760 fr., pour seize années d'arrérages de trois parties de cette rente foncière, qui ont ci-devant appartenu à des corporations supprimées.

Pierre Choron forme opposition à cette contrainte, et soutient que la rente foncière dont il s'agit étant confondue dans le bail à cens du 10 avril 1785, avec des droits féodaux, doit être considérée comme mélangée de féodalité, et par conséquent abolie.

Le 30 avril 1807, jugement qui ordonne l'exécution de la contrainte. Appel.

Le 2 août 1808, arrêt de la cour d'Amiens, qui réforme ce jugement, et décharge Pierre Choron de la contrainte.

L'administration de l'enregistrement et des domaines se pourvoit en cassation.

Par arrêt du 4 février 1810, au rapport de M. Cassaigne, il a été prononcé comme il suit :
« Vu les articles 1ᵉʳ et 2 de la loi du 17 juillet » 1793, et attendu que les lois relatives à l'abo-

» lition de la féodalité ne suppriment que les
» rentes féodales et les reıftes foncières créées
» avec des cens ou autres signes de féodalité ;
» qu'elles exceptent formellement de l'abolition
» les rentes purement foncières et non féodales ;
» que les rentes dont il s'agit n'étoient, de leur
» nature, ni féodales, ni mélangées de féodalité,
» puisque le moulin concédé par le bail à cens
» du 10 avril 1785 en étoit déjà chargé, anté-
» rieurement à ce bail, envers des établissemens
» de charité et autres, et que rien n'indique
» que, dans l'origine, elles fussent féodales ou
» créées avec des signes de féodalité ; qu'elles
» n'ont pu contracter ce vice par la charge de
» les payer, imposée dans ce bail au preneur
» par le bailleur, puisqu'elles avoient une exis-
» tence antérieure et indépendante, et qu'affec-
» tant spécialement l'immeuble elles devoient
» le suivre entre les mains du preneur ; que
» l'acceptation de cette charge renferme, de la
» part du preneur, une reconnoissance qui ne lui
» permet de révoquer en doute ni l'existence
» des rentes qui en font l'objet, ni l'affectation
» spéciale du moulin à leur service ; qu'ainsi,
» en déclarant ces rentes supprimées, l'arrêt
» attaqué a, à la fois, violé et faussement appli-
» qué les articles 1er et 2 de la loi du 17 juillet
» 1793, la cour casse, etc. »

Les deux arrêts qu'on yient de rapporter, et
surtout le second, rappellent les véritables principes de la matière, et semblent rendus à une

époque où la jurisprudence de la cour de cassation n'étoit pas encore changée ; ils suffisent pour faire voir que la cour de cassation ne se conformoit qu'à regret aux avis du conseil d'Etat et aux décrets impériaux, et qu'elle revenoit à la jurisprudence qu'elle avoit d'abord adoptée toutes les fois qu'elle pouvoit le faire sans choquer trop ouvertement ces avis et ces décrets.

Aujourd'hui, quelle direction prendra la jurisprudence de la cour de cassation sur cette importante matière ? Si les rentes foncières mélangées de féodalité sont rétablies comme la justice le demande, tout ce qu'on a dit dans ce quatrième chapitre est inutile ; il ne pourra plus y avoir lieu à examiner la nature des rentes ou redevances féodales, pour distinguer celles qui sont purement foncières d'avec les redevances féodales proprement dites ; toute cette jurisprudence et les distinctions qu'elle a introduites n'ont plus aucun intérêt. Mais, si les lois des 25 août 1792 et 17 juillet 1793 n'étoient pas rapportées ni abrogées, au moins seroit-il juste, seroit-il convenable de restreindre ces lois odieuses à leurs propres dispositions ; au moins les avis du conseil d'Etat et les décrets impériaux qui les ont suivis ne devroient-ils plus subsister ; au moins, quelque acte solennel de l'autorité légitime devroit-il faire connoître aux cours du Royaume et aux malheureux créanciers si ces actes arbitraires pourront encore être invoqués par les débiteurs, et être la règle à suivre dans les jugemens.

CHAPITRE V.

De divers Droits fonciers abolis par suite des Lois suppressives
du Régime féodal.

Des Droits de banalité.

———

M. le président Bouhier, dans ses observations
sur la coutume de Bourgogne, chap. 61, num. 5,
définit la banalité : « Le droit d'interdire, à ceux
» qui y sont sujets, la faculté de faire certaines
» choses autrement que de la manière qui leur
» est prescrite, sous les peines portées par les
» lois, les conventions ou la coutume. »

Presque tous les jurisconsultes qui ont écrit
sur les droits de banalité, se sont accordés à en
attribuer l'origine à la puissance immodérée des
seigneurs qui vivoient dans le dixième siècle et
les suivans; ils les dépeignent comme de petits
tyrans, qui donnoient à leurs justiciables telles
lois que l'avarice leur suggéroit : d'où ils con-
cluent que la possession du droit de banalité a
commencé par l'usurpation et par la violence, et
que, dans le doute, on doit le présumer ainsi.

Mais, quoiqu'on ne puisse nier que quelques
seigneurs aient pu, autrefois, abuser de leur
autorité, pour extorquer de leurs vassaux les

droits de banalité, ce seroit une injustice que d'en induire contre toutes les banalités indistinctement une présomption générale.

En effet, nous avons la preuve par plusieurs titres d'affranchissemens de la main-morte, accordés par les seigneurs à leurs sujets, que l'assujétissement à la banalité a été communément l'une des principales conditions de cette franchise; il y a même grande apparence qu'on ne manquoit guère de l'insérer dans de pareils actes.

Une seconde cause de leur introduction vient du besoin, qu'ont eu les pauvres villageois, d'implorer le secours de leurs seigneurs, pour avoir des moulins, des pressoirs et des fours banaux. Il n'y avoit point autrefois de moulins à vent en Europe, et les moulins à eau étoient fort rares. Les peuples étoient fatigués des moulins à bras; le cours d'eau, dans les lieux de leurs demeures, ne leur appartenoit pas; d'ailleurs, ils n'avoient point de bois pour en construire d'autres, ni pour bâtir des pressoirs, ou faire chauffer des fours; de plus, l'argent leur manquoit pour fournir aux frais de ces constructions: les seigneurs leur offrirent de les faire, mais avec la condition que, pour se dédommager de cette dépense et de l'entretien, dont ils se chargèrent, leurs vassaux ne pourroient se servir d'autres moulins, pressoirs ou fours, que des leurs, et que, pour en avoir l'usage, ils lui paieroient une rétribution modique. Quoi de plus naturel et de plus juste ?

Des particuliers et des communautés qui n'avoient ni fiefs ni justice possédoient aussi des droits de banalité ; ce qui pouvoit venir des statuts faits par ces communautés, ou des conventions qu'elles avoient faites avec des particuliers non seigneurs ni possesseurs de fiefs.

Le décret de l'assemblée nationale, du 15 mars 1790, a reconnu ces diverses origines des droits de banalité.

Par l'art. 23 du titre 2, tous les droits de banalité ont été supprimés sans indemnité, parce que la présomption générale est que ces droits proviennent d'un abus de la puissance féodale, de la part des seigneurs sur leurs vassaux ; cet article porte : « Tous les droits de banalité de fours, » moulins, pressoirs, boucheries, taureaux, ver- » rats, forges et autres, ensemble les sujétions qui » y sont accessoires, ainsi que les droits de verte- » monte et de vent, le droit prohibitif de la » quête-mouture, ou chasse des meuniers, soit » qu'ils soient fondés sur la coutume ou sur un » titre acquis par prescription, ou confirmés par » des jugemens, sont abolis et supprimés sans » indemnité, sous les seules exceptions ci-après. »

Quant aux banalités qui ne devoient pas leur existence à l'abus de la puissance féodale, l'art. 24 de la loi les excepta de la suppression en ces termes : « Sont exceptées de la suppression ci- » dessus, et seront rachetables, 1°. les banalités » qui seront prouvées avoir été établies par une » convention souscrite entre une communauté

» d'habitans et un particulier non seigneur ; 2°. les
» banalités qui seront prouvées avoir été établies
» par une convention souscrite entre une com-
» munauté d'habitans et son seigneur, et par
» laquelle le seigneur aura fait à la communauté
» quelque avantage de plus que de s'obliger à
» tenir perpétuellement en état les moulins,
» fours, ou autres objets banaux ;

» 3°. Celles qui seront prouvées avoir eu
» pour cause une concession faite par le sei-
» gneur, à la communauté des habitans, de
» droits d'usage dans les bois ou prés, ou des
» communes en propriété. »

Les deuxième et troisième exceptions contenues dans cet article, ont été d'abord restreintes
par l'art. 5 de la loi du 25 août 1792, au cas
où il seroit justifié que les banalités avoient pour
cause une concession primitive de fonds ; « la-
» quelle cause ne pourroit être établie qu'autant
» qu'elle se trouveroit clairement énoncée dans
» l'acte primordial d'inféodation, d'accensement
» ou de bail à cens, qui devroit être rapporté. »

La loi du 17 juillet 1793, alla encore plus
loin ; et en supprimant sans indemnité, par son
article 1er, « tous droits féodaux, censuels,
» fixes et casuels, même ceux conservés par le
» décret du 25 août 1792, » elle a abrogé par
le fait, les deuxième et troisième exceptions.

Des trois exceptions admises par la loi du 15
mars 1790, à la suppression sans indemnité,
des droits de banalité, la première est la seule

qui subsiste aujourd'hui, c'est-à-dire; que les
seuls droits de banalité, maintenus jusqu'au rachat, sont ceux qui sont prouvés avoir été établis par une convention souscrite entre une communauté d'habitans et un particulier non seigneur; mais cette exception étoit encore admise
par la jurisprudence de la cour de cassation :
c'est ce qu'a nettement décidé un arrêt de cette
cour, du 7 frimaire an 13, rendu entre le
nommé Bachelu et la commune de Frasnes ;
voilà les motifs de cet arrêt : « Vu la loi du 15
» mars 1790, tit. 2, art. 24, et l'art. 5 de celle
» du 25 août 1792; et attendu qu'après avoir
» supprimé, sans indemnité, par son art. 23,
» toutes les banalités, la première de ces lois a
» déclaré rachetables celles établies par une
» convention entre une commune et un particu-
» lier non seigneur; et que si l'art. 5 de celle du
» 25 août 1792, paroît supprimer sans indem-
» nité toutes les banalités déclarées rachetables
» par l'art. 24 ci-dessus cité, il est évident que
» cet art. 5 n'a réellement entendu supprimer de
» ces banalités que celles seigneuriales, dont
» parlent les nos 2 et 3 de l'art. 24, et non celles
» du no 1, fondées sur une convention entre un
» particulier non seigneur et une commune,
» puisque cet art. 5 ne prononce de suppression
» sans indemnité, que d'objets vraiment seigneu-
» riaux ; attendu que celui que représente Ba-
» chelu, et qui a traité en 1598 avec la com-
» mune de Frasnes, n'étoit point seigneur; et

» que la banalité consentie à cette époque de
» 1598, est le résultat d'une convention entre
» un particulier non seigneur et cette commune:
» d'où il suit que la décision attaquée a violé la
» disposition du n° 1 de l'art. 24 du tit. 2 de la
» loi du 25 août 1792, en ne condamnant pas
» cette commune, suivant ses offres, au rachat
» de la banalité dont il s'agit, et en tenant cette
» banalité pour supprimée sans indemnité,
» comme si elle étoit seigneuriale, quoiqu'elle
» ne le fût évidemment pas; la cour casse et
» annulle, etc. » *Voyez le Répertoire de Jurisprudence*, verb. *Banalité*, num. 12.

Les raisons qu'on a présentées dans le chap. 3
ci-dessus, pour prouver la nécessité de rétablir,
au moins jusqu'au rachat, les rentes foncières
mélangées de féodalité, qui avoient pour cause
une concession de fonds, et de revenir aux dispositions de la loi du 15 mars 1790, s'appliquent
aux droits de banalité: la justice demanderoit
qu'en rapportant l'art. 5 de la loi du 17 juillet
1793, on déclarât maintenues jusqu'au rachat,
les banalités que l'assemblée nationale n'avoit
pas cru pouvoir, sans enfreindre le droit de
propriété, supprimer sans indemnité. Ces banalités sont, 1°. celles qui seroient prouvées avoir
été établies par une communauté d'habitans et
son seigneur, et par laquelle le seigneur auroit
fait à la communauté quelque avantage de plus
que de s'obliger à tenir perpétuellement en état
les moulins, fours, et autres objets banaux;

2°. celles qui seroient prouvées avoir eu pour cause une concession faite par le seigneur à la communauté des habitans, de droits d'usage dans ses bois ou prés, ou des communes en propriété. Les banalités de cette espèce étoient des contrats de bonne foi, librement consentis par les habitans qui s'étoient soumis au droit de banalité ; délier ces derniers de l'obligation qu'ils ont contractée, sans les contraindre à la restitution des biens ou des droits qui ont formé, de la part des ci-devant seigneurs, le prix de cette obligation, ou la valeur de ces biens ou de ces droits, c'est évidemment violer le droit de propriété, et attaquer la société toute entière dans le principe même de son institution.

Des Champarts.

On donnoit la dénomination de *champart* au droit de partager avec le propriétaire les fruits de l'héritage qu'il cultivoit, dans une proportion qui n'étoit pas la même dans toutes les provinces.

Le mot *champart* vient du latin *campi pars* ou *campi partus*, dont on avoit formé, dans les anciens titres latins, les mots *Campars*, *campi partum*, *campartium*, *campardus*, *campi portio*.

De même dans le droit français, le champart avoit différentes dénominations dans les différentes provinces. Dans les unes, on l'appeloit *terrage* ou *agrier*; dans d'autres, *tasque* ou *tâche*; dans le Lyonnais, Forez et Beaujolais, on l'appeloit droit de *quart* ou *cinquain*, parce que, dans ces provinces, il étoit ordinairement du quart ou du cinquième des fruits; et parce qu'il étoit de vingt gerbes l'une dans le Dauphiné, on l'appeloit *vingtain*.

Dans les pays coutumiers, le *champart* ne se prenoit en général que sur les terres ensemencées en grains, tels que blé, seigle, orge, avoine, pois et vesce pour les chevaux, blé noir ou sarrazin, blé de mars et chanvre. Il n'étoit pas d'usage de le percevoir sur les légumes, les vignes, les arbres fruitiers et les bois.

Dans les lieux où ce droit se percevoit sur les vignes, il avoit pour l'ordinaire une dénomination particulière : on l'appeloit *terceau* à Chartres; *complant* en Poitou, Angoumois et Saintonge; et *carpot* en Bourbonnais.

Le *champart*, de même que toutes les autres prestations foncières créées pour le prix de l'aliénation d'un héritage, pouvoit être de trois sortes; censuel, seigneurial, simple rente foncière.

On appeloit *champart* censuel celui qui tenoit lieu de cens. Le *champart* étoit féodal, quand il étoit établi par le seigneur féodal et par bail à cens, que l'héritage étoit en outre grevé d'un cens, et que les deux prestations, indépendantes l'une de l'autre, existoient chacune comme une

(189)

charge separée, *tanquam onus separatum per se*, selon l'expression de Dumoulin (1) ; enfin, le *champart* n'étoit autre chose qu'une rente ou prestation purement foncière, lorsqu'il n'appartenoit pas au seigneur de l'héritage.

Le droit de champart pouvoit donc être tantôt un droit féodal, tantôt un droit purement foncier, et n'ayant rien de commun avec la féodalité ; c'est ce que la loi du 17 juillet 1793 avoit elle-même reconnu, par son article 17 : « Pour- » tant ne sont point compris dans le présent » décret, les rentes, *champarts* et autres rede- » vances qui ne tiennent point à la féodalité, et » qui sont dus par des particuliers à des parti- » culiers non seigneurs ni possesseurs de fief. »

Mais si le *champart* n'étoit pas essentiellement un droit féodal, n'avoit-il pas au moins ce caractère quand il étoit possédé par un seigneur jouissant de la puissance féodale, et ne formoit-il pas un droit seigneurial ? On distinguoit entre le champart qui se percevoit dans un pays allodial, c'est-à-dire, dans un pays où tout immeuble étoit, de droit, présumé franc-aleu, s'il n'étoit prouvé fief ou censive, et celui qui étoit dû dans un pays soumis à la règle, *nulle terre sans seigneur*.

Dans les pays allodiaux, le champart, quoique possédé par un seigneur, n'étoit pas réputé seigneurial, parce que, pour avoir ce caractère, il eût fallu que les héritages sur lesquels il se

____

(1) Dumoulin, sur l'art. 51 de l'ancienne Coutume de Paris.

percevoit eussent été concédés par le seigneur qui en faisoit la perception, sous la réserve du domaine direct, et que jamais dans ces pays le domaine direct n'étoit présumé avoir été séparé du domaine utile ; parce que, dans ce pays, cette séparation de la propriété ou du domaine qui constituoit essentiellement la seigneurie, ne pouvoit être prouvée que par titres. Aussi, tous les auteurs enseignoient-ils que, dans les pays allodiaux, le champart n'emportoit point la directe seigneuriale s'il n'y en avoit des titres exprès. (*Voyez* Bretonnier sur Henrys, tom. 1, liv. 1, chap. 3, quest. 34.)

Dans les pays où on suivoit la règle *nulle terre sans seigneur*, si le champart étoit la seule redevance que le seigneur perçût sur les héritages qui y étoient assujétis, et qui faisoient partie de son enclave, il tenoit lieu de *cens*, et il en avoit toutes les prérogatives, notamment celle de l'imprescriptibilité. (*Voyez* Bacquet, *Traité du droit des francs-fiefs*, chap. 17, num. 17.)

En suivant cette distinction dans l'application de la loi du 17 juillet 1793 au droit de champart, il en résulte que dans les pays allodiaux le champart ne pouvoit être frappé de suppression, même au préjudice d'un ci-devant seigneur, qu'autant qu'il seroit prouvé avoir été originairement seigneurial, ou, ce qui seroit la même chose, qu'autant qu'il seroit prouvé avoir pour cause primitive une concession de fonds avec réserve de la seigneurie directe. Cette distinction a été bien établie par plusieurs arrêts de la cour de cassation. On a dejà rapporté un de ces arrêts dans le chapitre précédent (celui du 24 vendémiaire an 13, dans l'affaire des percières d'Auvergne.)

On retrouve les mêmes principes dans un autre arrêt, rendu entre le préfet du département du Nord et le sieur Thobois, le 17 floréal an 12, au rapport de M. Rousseau : il suffira d'en rapporter les motifs; on peut voir les faits de la cause dans le savant plaidoyer de M. le procureur-général Merlin, sur les conclusions duquel l'arrêt a été prononcé (1).

« Vu l'art. 5 et l'art. 17 de la loi du 25 août
» 1792; attendu que, s'il est des cas où le terrage
» ou champart, possédé par le seigneur direct
» des fonds qui y sont assujétis, est réputé sei-
» gneurial, il est au moins certain que, dans les
» mains d'un particulier non seigneur, il est, par
» le droit commun, considéré comme une pres-
» tation purement foncière et non seigneuriale,
» si le contraire n'est pas prouvé par titre, ou
» établi par le statut local; attendu que la cou-
» tume du Hainaut, loin de déroger à cet égard
» au droit commun, regarde le terrage comme
» *matière de propriété* (art. 33 du chap. 9);
» qu'il résulte des dispositions de cette coutume,
» qu'il est sujet à prescription, et que les droits
» seigneuriaux sont imprescriptibles : d'où il suit

____

(1) Voy. les *Questions de Droit*, verb. *Terrage*.

» qu'en général, le terrage y est considéré comme
» un droit foncier; attendu que les lois nouvelles
» n'ont point détruit cette présomption; qu'en
» supprimant le champart seigneurial, elles ont
» expressément conservé celui de nature foncière;
» que l'art. 17 de la loi ci-dessus citée excepte for-
» mellement le champart qui ne tient point à la
» féodalité, et qui est dû, par des particuliers,
» à des particuliers non seigneurs ou possesseurs
» de fiefs; que, dans l'espèce, c'est un particu-
» lier qui demande à un autre particulier, non-
» relevant de lui, un droit de terrage; qu'à la
» vérité, le ci-devant seigneur de Rieux, l'un
» des territoires dans lesquels ce droit a été
» constamment perçu jusqu'en 1792, en possédoit
» lui-même une quotité concurremment avec le
» citoyen Thobois et d'autres particuliers; mais
» qu'on ne peut inférer de là que la totalité du
» droit ait été originairement seigneuriale; qu'en
» effet, ce droit n'auroit pu être seigneurial que
» dans la double supposition qu'il auroit été
» constitué pour prix de la concession des fonds
» qui y étoient assujétis, et que ces fonds eussent
» fait, avant cette concession, partie du gros fief
» de Rieux; qu'il est impossible que, de ces deux
» conditions, la seconde se rencontre ici, puis-
» que les fonds sujets au droit ne relevoient
» pas tous de la seigneurie de Rieux, mais qu'il
» en relevoit une portion considérable, tant de
» la seigneurie de Villers-Cauchi, situé en
» Hainaut, comme celle de Rieux, mais abso-

» lument indépendante de cette dernière, que
» de celles de Cagnoncle et d'Avesne-les-Aubert,
» situées dans le ci-devant Cambrésis, contrée
» qui, avant les conquêtes de Louis XIV, recon-
» noissoit un autre souverain, et, à plus forte
» raison, un autre ordre de suzeraineté que le
» ci-devant Hainaut; qu'ainsi, les fonds assujétis
» au droit de terrage dont il s'agit, ne pouvoient
» pas appartenir au gros fief de Rieux, avant la
» concession qui a pu en être faite pour prix de
» ce droit; que, dès lors, on doit nécessairement
» présumer que, s'ils ont été concédés pour prix
» de ce droit, ils l'ont été par bail à rente fon-
» cière; que cette présomption légale n'est pas
» effacée par la circonstance que le demandeur
» tenoit ce droit en fief du ci-devant Roi, parce
» que cette tenure féodale, relativement au Roi,
» n'emportoit aucune seigneurie du demandeur
» sur les possesseurs qui devoient le terrage, et
» dont il est constant que les fonds relevoient de
» différens seigneurs; que ce n'est que passive-
» ment que le demandeur tenoit en fief le ter-
» rage, comme il auroit tenu tous autres fonds
» ou droits immobiliers; que, lorsque l'art. 17
» de la loi du 25 août 1792 parle des posseseurs
» de fiefs, il ne peut s'entendre sainement que
» des possesseurs de fiefs dominans, et non des
» propriétaires des fiefs servans : qu'il suit de là
» et des motifs ci-dessus que le tribunal d'appel
» a contrevenu à l'art. 17, ci-devant rapporté,
» dont il a fait une fausse application; et a en

» même temps contrevenu à l'art. 5 de la
» même loi, qui ne supprime que le terrage de
» nature féodale; casse et annulle, etc. »

Les champarts, même seigneuriaux, que les
ci-devant seigneurs à qui ils appartenoient ont
aliénés avant la publication de la loi du 4 août
1789, avec réserve de la directe dont ces champarts étoient recognitifs, n'ont pas été supprimés;
ils sont seulement rachetables. C'est ce qu'a
encore jugé un arrêt de la cour de cassation,
du 2 nivose an 14, au rapport de M. Rupérou,
et sur les conclusions de M. Daniels, en ces
termes : « Vu les art. 3, 4 et 13 de la loi du
» 28 août 1792, et les art. 10 et 11, sect. 4, de
» celle du 10 juin 1793, relative aux biens
» communaux; l'art. 17 de celle du 25 août 1792,
» et les art. 1 et 2 de celle du 17 juillet 1793,
» concernant les droits féodaux; attendu qu'il
» résulte de l'ensemble de ces dispositions que
» l'esprit général des lois abolitives de la féoda-
» lité n'a point été de troubler les possessions
» paisibles et particulières, fondées sur des acqui-
» sitions légitimes, mais seulement de réprimer,
» vis-à-vis des ci-devant seigneurs, les abus et
» les usurpations de la puissance féodale; que
» les lois des 25 août 1792 et 17 juillet 1793,
» n'ont donc entendu supprimer que les presta-
» tions *féodales* ou *mélangées de féodalité*, qui,
» lors de la publication de ces lois, étoient
» encore dues à des ci-devant seigneurs, et non
» les redevances qui, au moment même de la

» suppression, ne tenoient plus à la féodalité, et
» étoient *dues par des particuliers à des parti-*
» *culiers non seigneurs ni possesseurs de fiefs;*
» et que, par conséquent, les lois portant abo-
» lition de celles-là, ne sont pas applicables à
» celles-ci; attendu que, soit que le droit de
» quart des fruits dont il s'agit fût dans les mains
» du seigneur de la Guignardière une rente féo-
» dale, soit qu'il fût une rente foncière entachée
» de féodalité, comme créée cumulativement
» avec le cens, il est certain, 1°. que ce droit
» de quart avoit été aliéné au profit de Sezée,
» par contrat du 8 juillet 1788, fait régulière-
» ment et de bonne foi; 2°. que, par cette alié-
» nation, le droit de quart avoit été détaché du
» fief, et le droit de censive réservé sur les
» héritages grevés de ce droit de quart : d'où il
» suit que les lois des 25 août 1792 et 17 juillet
» 1793, n'ont porté aucune atteinte à la rede-
» vance dont il s'agit; et qu'en déclarant cette
» redevance supprimée sans indemnité, la cour
» d'appel d'Orléans a fait une fausse application
» de ces lois : casse, etc. »

Du Complant.

Dans la plupart des coutumes, le droit de
complant étoit compris sous les termes géné-
riques de *champart, terrage, agrier;* mais, dans
le Poitou, on appeloit ainsi une redevance sur

les vignes, qui consistoit dans une quotité de la récolte. Ce droit, de même que les autres champarts, étoit féodal ou simplement foncier, selon qu'il avoit été créé par un seigneur féodal, avec réserve de la directe seigneurie, ou par un propriétaire de l'immeuble qui ne jouissoit d'aucune puissance féodale sur cet immeuble. Et suivant cette distinction, la redevance stipulée par le bail à complant est supprimée ou abolie par la loi du 17 juillet 1793, toutes les fois que la propriété du fonds a été irrévocablement transférée au preneur; mais si, par le bail à complant, la propriété de l'immeuble n'a pas été transférée au preneur, la redevance, quoique stipulée au profit d'un ci-devant seigneur sur un héritage situé dans l'enclave de sa seigneurie, n'est pas supprimée. C'est ce qu'a décidé un avis du conseil d'Etat, du 4 thermidor an 8, qu'on va transcrire :

« Le conseil d'Etat, qui, sur le renvoi des » consuls, et sur le rapport de la section des » finances, a discuté un rapport du ministre des » finances, sur la question de savoir s'il est né- » cessaire de proposer au corps législatif une loi » dont l'objet seroit de déclarer que la loi du » 18, 29 décembre 1790, qui autorise le rachat » des rentes foncières, et celle du 17 juillet 1793, » portant suppression, sans indemnité, des re- » devances seigneuriales et féodales, ne sont » pas applicables aux baux à complant, ou baux » de vignes à portion de fruits, usités dans le

» département de la Loire-Inférieure. Après
» avoir vu quinze baux de vignes à complant
» des années 1638 et suivantes, jusques et com-
» pris l'an 6; ensemble un acte de notoriété du
» tribunal civil du département de la Loire-In-
» férieure, du 4 nivose an 8. Considérant que,
» d'après ces actes, il est évident que le bail à
» complant ne transfère au preneur aucun droit
» sur la propriété des biens qui en sont l'objet ;
» que celui-ci, ses héritiers et représentans ne
» possèdent qu'au même titre et de la même
» manière que les fermiers ordinaires, sauf la
» durée de la jouissance ; que la contribution
» foncière est due et payée par le bailleur, cir-
» constance qui détermine, avec encore plus de
» précision, le caractère de cette tenure, et
» qu'on ne pourroit considérer les colons ou fer-
» miers comme propriétaires des biens qu'ils
» tiennent à complant, sans rendre inutiles et
» sans valeur les bâtimens, celliers et pressoirs
» répandus sur la surface du territoire, appar-
» tenant aux bailleurs, et destinés par eux à
» l'exploitation des fruits dont leurs fermiers
» ou colons sont redevables envers eux. Consi-
» dérant aussi que la tenure dont il s'agit rentre
» dans l'espèce de celle connue sous le nom de
» tenure convenancière ou à domaine congéable,
» usitée dans plusieurs départemens formés de la
» ci-devant Bretagne; et que les bailleurs des
» biens concédés à ce titre ont été maintenus
» dans la propriété de ces biens, par décrets de

» l'assemblée constituante des 30 mai, 1er, 6 et
» 7 juin 1791, confirmés par la loi du 9 bru-
» maire an 6 : est d'avis, qu'il n'est pas néces-
» saire de recourir au législateur pour main-
» tenir ou conserver dans la main des bailleurs
» ou de leurs héritiers ou représentans, la pro-
» priété des biens concédés dans le titre de bail
» à complant dans le département de la Loire-
» Inférieure ; que la portion des fruits que s'y
» sont réservée les bailleurs, doit leur être
» payée sans difficulté par les preneurs, lesquels
» ne peuvent forcer les bailleurs d'en recevoir
» le rachat ; et qu'enfin le ministre des finances
» doit prescrire à la régie de l'enregistrement,
» de se conformer à ces principes, relativement
» aux redevances de cette nature, qui appar-
» tiennent à la nation.

FIN.

 www.ingramcontent.com/pod-product-compliance
Ingram Content Group UK Ltd.
Pitfield, Milton Keynes, MK11 3LW, UK
UKHW021926070726
13614UKWH00001B/280